LEADERS

领导力之父

组织发展理论先驱

沃伦·本尼斯

Warren Bennis

LEADERS 从第二次世界大战走出的领导力大师

> 沃伦·本尼斯从不自吹自擂，却已经领先一步。
>
> ——现代管理学之父 彼得·德鲁克

1925 年，本尼斯出生在美国新泽西州的一个犹太家庭。他在 1943 年参军，奔赴第二次世界大战战场。战争给了本尼斯一份厚礼，让他在 19 岁时就有机会成为领导者——步兵中尉，后因作战英勇而成为整个欧洲战区最年轻的军官，并荣获至高荣誉紫心勋章和铜星勋章。

与很多管理学者不同，本尼斯的很多研究和洞见都源于他的个人经历。战后，本尼斯进入安迪亚克学院深造，深受导师——XY 理论创始人道格拉斯·麦格雷戈（Douglas McGregor）的影响。后来，他追随麦格雷戈来到麻省理工学院，成为经济学泰斗保罗·萨缪尔森的学生。

1971 年，本尼斯担任辛辛那提大学校长，将多年从事的领导力研究付诸实践，率领他的团队力挽狂澜，拯救了这所正面临财政危机的大学。此外，他曾担任麻省理工学院组织研究系主任，哈佛大学肯尼迪政府学院公共领导力中心顾问委员会主席，哈佛商学院波士顿校区的托马斯·墨菲杰出研究学者，南加州大学工商管理学院杰出教授、领导力学院创始人兼主席等职务，还荣膺四任美国总统的顾问团成员，多家《财富》500 强企业的顾问。

LEADERS

领导学大师们的院长

将领导力确立为受人尊敬的学术领域的教授。

——《金融时报》

在管理学界，本尼斯是首屈一指的领导力大师和先驱人物。他是欧洲最伟大的管理思想大师查尔斯·汉迪的老师。《福布斯》杂志称他是“领导学大师们的院长”，可见其地位与声誉。本尼斯曾对美国各行各业的90位领导者做过一次著名的领导力研究。这些人物包括第一位踏上月球的宇航员尼尔·阿姆斯特朗、洛杉矶公羊队主教练、管弦乐团指挥、麦当劳创始人雷·克洛克等。“他们有些是右脑型人物，有些是左脑型人物，他们有高有矮，有胖有瘦；有的伶牙俐齿，有的不善言辞；有的过分自信，有的畏手畏脚……”本尼斯说。这些人之间的共同点是，他们都表现出了“对当前混乱状态的控制能力”。也就是说，领导力是无所不包的，所有人都能拥有它。

在20世纪80年代之前，领导力主题曾长期遭到忽视，没有人认为值得为它展开严肃的学术研究，正是本尼斯卓越的贡献，才使它重获生机。从那时起，本尼斯认为，“领导学已经成为了一个重要的研究领域，对其发展的关注和兴趣不再仅限于美国，成了真正的全球现象。”

两度斩获麦肯锡奖的领导力开创者

LEADERS

> 世界上有“团队”也有“伟大的团队”。本尼斯可以为您带来希望。
>
> ——欧洲最伟大的管理思想大师 查尔斯·汉迪

本尼斯爱读莎士比亚，称每次重读都会有不同的收获。莎翁在剧作《皆大欢喜》中，将人生分为七大阶段。本尼斯认为领导者的一生也可以分为七个阶段，而且和莎翁的描述异曲同工，它们是：嗷嗷待哺的婴儿、满面红光的学童、哀歌的恋人、长胡子的士兵、身经百战的将军、戴眼镜的政治家和返璞归真的贤者。本尼斯说：“领导者每进入一个新境界，都意味着新的危机和挑战。蜕变过程痛苦无比，如能做好准备，便可安然渡劫。”

本尼斯是现代管理思想家的卓越代表，在管理特别是领导力的研究和咨询上建树颇丰，有多部著作荣获蜚声国际管理界的“麦肯锡最佳管理书籍奖”，被誉为“领导力大师”。

40 年间，他一共撰写和编辑了近 30 本专著、1 500 多篇文章，发表研究论文上百篇。最负盛名的著作有《领导者》《成为领导者》《七个天才团队的故事》《经营梦想》等，其中《领导者》《成为领导者》已被译成 20 多种语言在全球出版。

大师虽已仙逝，但他深邃的领导力思想将一直在管理界回响……

Organizing Genius

沃伦·本尼斯 经典四部曲·03

七个天才团队的故事

「纪念版」

沃伦·本尼斯（Warren Bennis）
[美] 帕特里夏·沃德·比德曼 ◎著
（Patricia Ward Biederman）
张慧倩 ◎译 徐中 ◎审校

浙江人民出版社
ZHEJIANG PEOPLE'S PUBLISHING HOUSE

主编的话

杨斌 教授
清华经管领导力研究中心主任

开设 leadership 类的课程伊始，我就打定主意，认真地称呼它作“领导之道”。倒不是为了简单地省“力”求异，而是包含些许自己的念想在里头。

一是想突出 TO BE（是）与 TO DO（做）的不同。听者习者，是想有些即刻好用的法子、技艺，能够克敌制胜，佳绩可期。送他们来念课参训的法人、大人们，也有不少抱有希望收获回去更趁手的兵器。这都再正当不过了。“力”掌握于个体，服务于集体，可以度量，可以培养，可以作价，可收可发。但正当，不代表正确。那些后缀着“ship”的名堂，常常因为它忘怀了知识（K），超越了技能（S），融进了品性（A）。你所变成的，你所就是的，于他人可以发见、欣赏，但却不那么容易迁移，或迁移成了却了无生意。“成为领导者”，“作为领导者”，与“具备领导力”“谙熟领导学”不同。其不同，我想先从不用“力”做起。

二是想坦陈“坐而论道”的局限，为师的难。看成是本事，提高得靠实践、历练；看成是心性，则需要更长时间的积淀，抑或机缘遭逢的悟到、绽放。而写出来，讲出来，lost in words，几乎是一定的。开个诗歌课是个多难的事儿呢？诗歌鉴赏课上的七嘴八舌，或读几句就走心呆坐，但还没有逼到要叫人“写出诗句”或“活出诗意”。所以，要认命。也就是自说自话的说道（也最好还别布道），不敢轻易说有多少科学，但经过了组织与梳理，遵从逻辑，有所体系，不怕人说是 well organized common sense（精装常识）——这年头常识常遭忽视。总有“听者有心”并愿意起而行之，反求诸己，自我修炼，把看到听到的“常识道”，与本身的使命、本心化成，内化调制为自己的“非常道”。谁之功？回首向来萧瑟处，百姓皆谓我自然。

再说千遍又何妨？领导这个词，在这里，在我所选的这些书里，不是职位，不是功绩，不是命令链条，不是炫目浩荡。它是一个或是一些人，让人更是人，让组织更向上，让社会更向前，让这些变化更有机地发生的实践。

为什么用卓越？讨论领导，常用的是有效，充满着还原论的机械；说伟大，又太多 Kitsch 表达。卓越各不同，横看成岭侧成峰。如果说领导像爱情一样，是世界上最容易观察到的却又最不容易理解的现象的话，卓越则更是多维多样，甚至，很多时候领导者之卓越、之所以卓越，与你“纯朴真挚、劝人向善”的意识形态存在矛盾。所以，我特意编选的这个“卓越领导之道”书系中的书，都有些思想上的耐人寻味，而不怎么是用力地鼓吹感召，都有些无心栽柳的边缘意识，却正合了这不确定时代的道道。

希望你通过阅读而享受思考，通过领导而获得解放。

推荐序 1

经营梦想，引领变革

——领导的真谛

徐中博士
清华经管领导力中心研究员
领越® 领导力高级认证导师
学堂在线“中国创业学院”频道主任

人类进入 21 世纪，创新和全球化加速了各领域的变革。在中国，变革的速度、广度、深度和力度前所未有，领导力的重要性和紧迫性与日俱增。

2016 年 5 月 30 日，华为总裁任正非在全国科技创新大会上说：“从科技的角度来看，未来二三十年人类社会会演变成一个智能社会，其深度和广度我们还想象不到……华为正在本行业逐步攻入无人区，处在无人领航，无既定规则，无人跟随的困境。华为跟着人跑的‘机会主义’高速度，会逐步慢下来，创立引导理论的责任已经到来。”

在波士顿的哈佛商学院，领导变革权威约翰·科特（John P. Kotter）教授在最新出版的《变革加速器》（*Accelerate：Building Strategic Agility for a Faster-Moving World*）中指出：我们正在穿越一条边界，进入一个充满难以预测的混乱和指数级变化的世界，我们对此尚未做好准备。

展望未来 30 年，中国将从长期的跟随，迈向局部的超越、全球的引领。任正非的观点代表了一批有远见的领导者对未来的思考，我们必须前瞻未来、面向世界，加速培养一大批根植中国、放眼全球、知行合一、使命必达的领导者。

湛庐文化本次集结领导力大师沃伦·本尼斯最有代表性的四部著作《领导者》《成为领导者》《七个天才团队的故事》《经营梦想》重新出版，对于我们了解近代西方领导力思想、认识现代组织的领导力真谛，迎接当下和未来的领导力挑战，具有重要的意义。

我第一次了解本尼斯是在 2003 年，当时阅读了清华大学杨斌教授翻译的本尼斯的大作《极客与怪杰》（*Geeks and Geezers*），对书名、研究方法，以及“熔炉”“赤子态”“适应能力”等新概念深感好奇。此后，陆续阅读了《领导者》《成为领导者》等多部著作，也在多个国际领导力论坛上听到众多学者对本尼斯的赞美和思想的引用，让我的领导力研究和教学受益匪浅。

在领导力研究领域，沃伦·本尼斯被誉为“领导力之父”“领导学大师们的院长”，他先后担任过四任美国总统（约翰·肯尼迪、杰拉尔德·福特、林登·约翰逊、罗纳德·里根）的顾问团成员，众多《财富》500 强公司的顾问、董事，星巴克董事长霍华德·舒尔茨称其为导师。2000 年 5 月，《金融时报》称本尼斯为“将领导力确立为受人尊敬的学术领域的教授”。2007 年，《商业周刊》将本尼斯评为十大最有影响力的思想领袖之一。

哈佛商学院教授、《真诚领导力》（*Authentic Leadership*）作者比尔·乔治（Bill George）称颂本尼斯：

> 如果说彼得·德鲁克是“管理学之父”，沃伦·本尼斯就是“领导力之父”。沃伦·本尼斯第一个提出，领导力不是一系列天生的特质，而是持续一生的自我探索的结果。这个自我探索的过程让人们成为更完整、更圆满的人，成为对自我有清晰觉察，并能激发他人最佳潜能的人。

本尼斯的一生，既是对领导力学术探索的一生，更是对领导力实践追寻的一生。1944 年，19 岁的他成为第二次世界大战欧洲战区最年轻的步兵指挥官，战争的“熔炉”锤炼了他，开启了他探索领导力的独特视角。退役后，他先后在安蒂奥克学院和麻省理工学院学习经济学、心理学和商业。20 世纪 60 年代，他在麻省理工学院研究群体行为之时，就已经预言并促进组织勇往直前地迈向更少等级、更加民主和更有适应能力的新组织。1967 年，他先是辞去了在麻省理工学院轻松且回报颇丰的教职，到崭露头角的纽约州立大学布法罗分校担任了 4 年的教务长，1971 年—1978 年，出任辛辛那提大学的校长。之后，本尼斯在南加州大学沉下心来深入研究和思考当代领导力的挑战与出路，撰写了《领导者》《成为领导者》等 20 多部著作，开创了领导力研究的新时代。

在本尼斯看来，领导力与情境、追随者、任务密切相关，必须与时俱进。关于领导力的概念，据统计有 850 多个。对此，本尼斯打了一个比方：**在某种程度上，领导力就像美，很难定义它，但当你看到它时，你就知道那是美。**

为帮助读者更好地了解和理解本系列图书的要点，在此对四部著作做一个简要介绍：

1.《领导者》论及的是“领导者是什么人”。本尼斯团队耗时两年采访了 90 位领导者，其中 60 位是成功的 CEO，另有 30 位则是公共服务领域的杰出领导者。其主要结论是：

- 领导者有四大共同的主题策略：策略一，通过愿景唤起专注；策略二，通过沟通赋予意义；策略三，通过定位赢得信任；策略四，通过自重实现自我成长。
- “领导”与“管理”是两个不同但互补的概念，“管理者是把事做对的人，领导者是做对的事的人”，“管理”意味着“带动、实现、负责、指挥”；而“领导”是“影响、指引方向、过程、行动、提出意见”，领导意味着有效的愿景和决断，管理意味着熟练的日常业务运营。

2.《成为领导者》是本尼斯最重要的一部著作，以宏大的美国历史画卷探讨了领导力的作用、形成与挑战，通过对数十位领导者的深入访谈与研究，讨论了领导力的方法论：人们怎样成为领导者，他们怎样领导，以及组织是怎样鼓励或者限制有潜力的领导者。

- 《成为领导者》是基于这样一个假定：领导者是那些能够充分表现自我的人。他们知道自己是什么人，知道自己的优点和缺点是什么，知道该怎样去充分利用自己的优点、弥补自己的缺点。他们还知道自己想要的是什么、为什么有这样的目标，以及如何通过有效的沟通共同的目标赢得他人的合作与支持。他们知道该怎样去实现目标。充分表现自我的关键是了解自我和外在的世界，而了解的关键是学习——从自己的人生和经历中学习。

- 新经济是靠智力资本推动的，这也将是 21 世纪经济的特征。一家公司最重要的资产是办公楼、厂房和设备的时代已经一去不复返了。今天，创意是全球经济的发动机和货币。对领导者以及想要成为领导者的人们来说，新经济的真谛在于其力量源自创意而非职位。

- 领导者们都认为领导力不是天生的，而是后天造就的，而且更多的是靠他们自身的努力而非任何外在的途径。其次，他们都认为，没有哪个领导者原本就打算成为一个领导者，确切地说，他们是想充分自由地表现自我。换句话说，领导者没有兴趣向他人证明自己，他们始终关心的是表现自己。这一至关重要的差别是一个“熔炉”，决定了一个人是“被驱策”还是“主动领导”。在整个人生中，他们都在不断地成长和发展自我。

- 领导的六个基本要素：第一，指引性的愿景（guiding vision）；第二，激情（passion）；第三，正直诚实（integrity）；第四，信任（trust）；第五，好奇心（curiosity）；第六，勇气（daring）。

- 领导者的七个主要品质：专业能力、概念能力、业绩表现、人际能力、鉴赏力、决断力和品格（character）。在未来的世界中，卓越领导者的核心软技能是：人际能力、鉴赏力、决断力和品格，以及适应能力（adaptive capacity），适应能力让领导者能够迅速、聪明地应对持续不断的变化。

- 真正的领导者不是天生的，而是后天造就的，并且通常是自我造就的。领导者创造自己（leaders invent themselves）。领导者创造自己的方式就是培养自己的品格和愿景。

- 人人都有领导力，但并不是人人都会成为领导者。

3.《七个天才团队的故事》研究了美国历史上七个具有持久影响力的团队：迪士尼电影公司；施乐公司的帕洛阿尔托研究中心的伟大团队；

苹果公司团队；克林顿竞选团队；“臭鼬计划”与隐性飞机团队；黑山学院；“曼哈顿计划”团队，总结出了伟大团队的15条经验。这本书对于从事颠覆式技术创新的创业团队尤有启发。

- 全球最大的猎头公司光辉国际（Korn Ferry）及《经济学人》杂志最近对一些跨国公司高管所做的研究证实了我们的理论：未来的机构将领导团队来管理。
- 伟大的领导者和追随者总是致力于富有创造性的合作。一个有天赋的人就能够解决我们所有问题的时代早已一去不复返。如今我们面对的问题来得太快，也太复杂，以至于要解决它们，我们需要优秀的领导者甚至是领导团队率领下的人才群体。
- 要领导一个优秀的团队，领导者不必具备团队成员具备的所有技能。他必须具备的是愿景、感召他人的能力以及正直。
- 伟大团队是完全投入到惊心动魄的探索过程中的组织，充满活力与创意，成员多姿多彩、才华洋溢，并在极高的风险和时间压力下工作。
- 伟大团队很少有士气问题。成员大都自动自发，陶醉在解决问题的喜悦中。全体的注意力集中于一个伟大的计划，对于一般环境下所产生的困扰全无知觉。
- 金钱不重要，职业生涯也无所谓，项目重于一切。这不是一份工作，而是一项使命，由眼中闪烁着火花的一群人执行。
- 领导一群天才，领导者首先要赢得相当的尊敬；让天才认为他说的话有价值，因为天才总是可以有其他的选择；还要能激发彼此信任，并值得大家信任；同时要谦恭殷勤——虽然彬彬有礼并非伟大团队的特点，但想要带领伟大团队的人必须具备这个特质。

4.《经营梦想》是本尼斯30年研究精选，汇集了他全部领导力论著的精华，书中的每一页都闪耀着他的才华和智慧。他认为，通过拥抱和“经营”一个真实的梦想，领导者就真正地肩负起塑造未来的责任。

- 本书重点探讨的就是领导者与其梦想的关系，以及他的组织与其梦想的关系。深入探讨领导者如何推动领导和管理变革。
- 第三部分专注于品格和道德。对那些留下了真正遗产的领导者们来说，品格和道德是最宝贵的优点。每一个组织都怂恿其领导者专注于眼前的当务之急，而代价就是忽视那些决定我们所有人生活质量的大问题。
- 事实上，领导者就是那个未来梦想的化身。一个梦想就是一张路线图。它告诉我们怎样前往与命运碰头的约会地点；梦想就是一系列富有想象力的假设，摸索着走向存在于我们意识深处的栩栩如生的理想境界。

本尼斯的领导力思想、理论与实践具有广阔的历史视野、精微的人文情怀、如炬的全球前瞻，希望从推荐序的点滴光辉映射出大师的卓然风采。

就在本书系即将付印之际，2016 年 9 月 10 日上午，具有开创性意义的跨文化全球领导力项目，旨在培养具有全球视野、致力于推动人类文明进步的未来领导者——清华大学苏世民学者项目举行了开学典礼，迎接首届入学的来自 31 个国家的 110 名苏世民书院的学生。中国国家主席习近平和美国总统奥巴马分别发来贺信，表达对首届学生的祝贺与期待。由此可以看出，领导力教育已经成为中国高校教育改革的重要方向，逐渐迈进青少年教育的核心区域。

彼得·德鲁克说：领导者的首要任务是定义使命。使命即是初心。学习与发展领导力，我们需要时常问问自己：我的初心是什么?

最后，感谢湛庐文化董事长韩焱女士、高级副总裁张晓卿女士、总编辑董寰女士的信任，让我领衔重新审校和翻译这四本书，特别是因为连续创业的原因，一再延误书的出版，使得自己一直惴惴不安、深感愧疚。

感谢第一版的译者姜文波，感谢赵岑博士、徐琨女士百忙之中重译《领导者》，感谢胡金枫女士在翻译过程中的参与和支持。感谢我的太太佛影女士长期以来的包容和支持，她总是为一些精彩的翻译手动点赞，给我莫大的鼓舞。

由于译者水平所限，不当之处，敬请指正！

共勉。

推荐序 2

怀抱梦想，追寻未来

查尔斯·汉迪
欧洲最伟大的管理思想大师
管理哲学之父

世界上有很多“团队”，但只有少数能成为“伟大团队”。如何从前者变为后者，是每一位领导者心中的梦想。本书为此提供了有益的线索，找到了一些答案，但也留下了一些未解之谜。

伟大团队希望“在宇宙间留下印记”——这是苹果电脑公司 CEO 史蒂夫·乔布斯对麦金托什（Macintosh，简称 Mac，俗称 Mac 机或麦金塔机）[①]计算机开发团队所说的话。伟大团队如同火箭一般，瞬间爆发，旋即销

① 麦金托什，苹果电脑其中一个系列的个人电脑型号，是苹果电脑继 LISA 后第二部使用图型用户界面（GUI）的电脑，也是首次将图形用户界面广泛应用到个人电脑之上的电脑。——编者注

声匿迹，只留下他们创造的成果（如：第一枚原子弹、一座全新的学校、一台惊人的计算机或一组带给全世界欢笑的卡通人物）。我们不由心生疑问：这些奇迹能够重现吗？或者像蝴蝶般，仅能奉献出美丽而短暂的一生？在团队解散之后，生命的活力还在吗？或者能借由他们的创造物永生不灭？

沃伦·本尼斯有一种伟大的天赋，他能够从他人看见的事情，或者旧闻当中，找到意义和价值。他与比德曼使昨日重现眼前，营造出“真愿我在场”的感受，并从中提炼出适用于每个人生活与工作的经验教训，这对于那些想开创出一片天地的人来说尤为重要。

两位作者行文流畅，让人在不知不觉间将他们的信息吸收到潜意识中去。过去，我常自以为发现了了不起的新构想，事后却汗颜地发现已在本尼斯的书上读过，这次也不例外。这七个伟大团队的故事如此生动，令读者对每一个人物都产生了偷窥似的亲密感。在他们两位的协助下，读者虽然旁观，但体悟却很可能比当事人更深刻。

“组织天才”（Organizing Genius）应该是两相矛盾的词语的结合，它们既互相冲突，又是人们渴望而不可求的期望。然而，本尼斯与比德曼却找出了 15 条经验，在最后一章作出精彩的总结，其中有些观点颇令人惊讶——**真正重要的不是“金钱”，而是“游戏的刺激”**。这不禁使人怀疑：在管理者身上花费重金，是否正默认了这场“游戏”毫无刺激可言。两位作者还发现，才华需要有“恰当的发展空间”——**伟大团队中的角色是不能互换的，所以在日常工作团队中，如果为追求效率的提高而坚持角色互换，就是排除了迈向伟大的机会。**

事实上，在本书所介绍的团队中，“效率”并不常被提及。这些团队受使命感的驱使，竭力追求与众不同，既不在意工作时间和环境，也不以赚钱为目标。但追求效率、生产力和立竿见影，难道就真的是迈向伟大的障碍吗？

这些故事背后似乎隐藏着迷惑。但最后提出的问题却最令人不安：工作刺激会不会蒙蔽对结果的客观判断？在美国洛斯阿拉莫斯国家实验室（Los Alamos National Laboratory, LANL）①制造原子弹的团队中，有人也曾如此担心过（但那是在任务完成之后）。换句话说，我们是否经常为了达到目的而自圆其说？

数十年来，本尼斯一直在撰写有关领导力和组织方面的书和文章。30 年前，我第一次见到他，是在麻省理工学院的斯隆管理学院，此后，他对我的人生影响深远，一如他影响了许许多多人。和大多数教授的不同之处在于：身为一所了不起的大学的校长，他始终身体力行自己的学说。因此，这本书是他个人天赋的发扬光大，充分结合了他的广博学识与深刻经历。就像所有好书一样，当你沉醉其中时，必会感觉回味无穷。

组织常常是人类灵魂的牢笼。所幸的是，本书为人们带来了一线希望，提供了新生活的源泉。我已经受益良多，相信读者们也会获得新的启迪！

① 洛斯阿拉莫斯国家实验室，世界著名科研机构，主要承担美国核子武器设计工作，成立于 1943 年，位于新墨西哥州，隶属于美国能源部。洛斯阿拉莫斯国家实验室的研究领域包括国家安全、可再生能源、医药、太空探索等。——编者注

雪夜对话的回响

本书源于40年前我和玛格丽特·米德（Margaret Mead）[①]的一席对话。当时，米德因社会行动论（social activism）及其在文化人类学上的成就早已蜚声国际，而我仅是初出茅庐的麻省理工学院的经济学助理教授。一个雪夜，我来到哈佛大学聆听米德的演讲，并在演讲结束后和她交流。我一直都十分关注杰出的团队合作，很想了解为什么“伟大团队”会比具有天分的个人有更高的成就。我告诉米德，我想写一本书，探讨才华横溢的人如何合作以改变世界。

“这个想法非常好，”米德说，“这个题材从来没有人写过，你应该称它为‘智慧的团队’（sapiential circles）。”

数十年后，我才写完这本讨论“创造性合作”的书。在这期间，我沉迷于各种形式和风格的领导力研究，访问了几十个领域的数百位领导

① 玛格丽特·米德（1901—1978），美国女人类学家，20世纪最著名的人类学家之一。1978年逝世后获授总统自由勋章。——编者注

者，致力于精准发掘出使某些领导者成功、却使其他人失败的态度和行为。与此同时，我继续研究团队如何应对变革，这在当今动荡不安的世界里绝对是最为重要的。了解得越多，我就越是认定把团队与领导力视为个别现象来观察是不够的。最令人振奋、最能撼动世界的团队都是由一位能干的领导者和一群杰出的成员，在彼此尊重的情形下组合而成的。只有在团队中的每一分子（不论是领导者还是成员）都能自由发掘出全部潜力时，才能造就伟大的团队。本书描述的重点是：**以各种方式组织一群天才，让他们既能创造伟大的成就，又能体验成就所带来的愉悦与个人的改变**。在今天由达尔文的物竞天择理论支配的经济环境下，唯有能够充分发挥成员创造力的团队，才有生存的机会。

本书由我与比德曼合著，也算是一个合作的结果。比德曼是一流的作家，也是我多年的老友，偶尔与我合作写书。你可以看到我们所选的书名并非米德博士的建议，而是采用《七个天才团队的故事》；书中的内容，一部分是团队的历史，一部分是团队建设的工作方法，还有一部分是关于为何某些团队能够成就卓越，而大部分团队却仍旧在困境中苦苦挣扎的思考。

沃伦·本尼斯

加州圣塔莫尼卡

1996 年 11 月

ORGANIZING GENIUS

THE SECRET OF

CREATIVE

COLLABORATION

目录

没有任何一个人的智慧能及得上所有人的智慧之和。尽管那些以银质子弹击溃障碍、纵身跃过高耸建筑的孤胆英雄一直驰骋于我们的想象中，但在现实中，有不少团队往往未经刻意安排，却成功地融合了个人与集体的力量，创造出了崭新而美妙的事物，以截然不同却经得起考验的方式，重新改造了世界。正如作家布里吉的观察："集体合作是激发最佳创造力的秘诀。"

02 LEADER 迪士尼动画 /033

沃尔特与他的团队

有一天，一个小男孩问我："你画米老鼠吗？"我说没有。"那么，你是不是负责构想所有的笑话和点子？"我说："没有，我不做这些。"最后他望着我说："迪士尼先生，你到底做什么呀？"这可真把我给难倒了。"呃，"我说，"有时候，我把自己当作一只小蜜蜂，从片厂一角飞到另一角，收集花粉，给每个人打打气。"我猜这就是我的工作。

03 LEADER 叛逆之心 /065

20 世纪 80 年代中期，计算机产生了 180 度的转变。它进化为不那么吓人的小型机械，威力却更强大，以整理和分享信息为目的。它的体积缩小到可以摆放在桌面上，甚至装进手提箱。它变得亲切、好玩、廉价、易于使用，对使用者也更加友善。这个了不起的工具是好几个伟大团队的结晶，这一点是可以想见的，而它的发明人形容它是“拥有叛逆之心的产品”。

04 LEADER 销售希望 /091

领导者是“希望”而非“绝望”的承揽者。克林顿的出生地碰巧是阿肯色州的小城“希望镇”，这简直是完美得不近真实。他在 1992 年民主党大会演说中，聪明地引用了这项意外的巧合做结语。他对兴高采烈的群众说：我依然相信一个叫作“希望”的地方。

05 LEADER “臭鼬计划”与隐形飞机 /121

洛克希德飞机公司

约翰逊的下属将名称自封为“臭鞋计划”17年后，臭鼬漫画的出版商禁止洛克希德飞机公司继续使用这个名称，于是小组在1960年将其更名为“臭鼬计划”，并把名称和商标都注册了，那是一只鼻子上翘的俏皮臭鼬。约翰逊老迈后，心智与其他方面都日渐衰退。他在1990年去世时，洛克希德的内部刊物用一整页篇幅悼念他，上面写着：“再见了，约翰逊！”一旁站着一只脸上淌着泪珠的臭鼬。

06 LEADER 黑山实验 /145

黑山学院

黑山学院虽然已在40年前关闭，我们仍可站在李氏馆的台阶上，看到当时第一批学生所见到的景象。台阶上，8根堂皇的石柱矗立在我们眼前，但真正令人屏息的，却是放眼望去那史诗般苍穹下的山谷，以及起伏的蓝脊山脉。夜空中繁星密布，只有远离尘嚣的夜空才会如此。到了春天，山茱萸茂盛地绽放着。置身于这座遗世独立的校园，世界似乎显得十分遥远。

07 LEADER 曼哈顿计划 /175

美国洛斯阿拉莫斯国家实验室原子弹团队

“当成千太阳的光芒迸耀天上，此景如同天神宝相。”升起的那朵不详之云让他想起另一句话：“我成了死神，世界的毁灭者。”偏重实验的费米忙着丢出纸张，分析原子弹的威力。此次爆炸将纸张推送到2.5米以外，他因而估算出原子弹释放出了1万吨黄色炸药的毁灭性

“

WARREN BENNIS

THE SECRET OF CREATIVE COLLABORATION

没有任何一个人的智慧能及得上所有人的智慧之和。尽管那些以银质子弹击溃障碍、纵身跃过高耸建筑的孤胆英雄一直驰骋于我们的想象中，但在现实中，有不少团队往往未经刻意安排，却成功地融合了个人与集体的力量，创造出了崭新而美妙的事物，以截然不同却经得起考验的方式，重新改造了世界。正如作家布里吉的观察：“集体合作是激发最佳创造力的秘诀。”

”

ORGANIZING GENIUS

THE SECRET OF CREATIVE COLLABORATION

01 伟人的终结

孤胆英雄和伟大团队

每个人与同伴在同一阵线并肩工作，接受各种建议、互相比较、彼此竞争等刺激时，都会做得更加出色。伟大的事情由一人独自完成固然有其缘由，但比起更愉快、更有利于成长的环境，则往往需要付出加倍的辛劳。

——亨利·詹姆斯

Great Groups are full of talented people who can work together.

伟大团队充满能够合作共事的天才。

个人成功的神话始终深植于美国人心中——从午夜骑士里维尔[①]到篮球明星乔丹，比比皆是。美国是一个迷恋英雄的国家，迷恋那些能够面对挑战、征服逆境的白手起家的英雄。我们对领导力的观点，夹杂着自己对英勇气概的开放，以致分不出“领导者”与“英雄”或“知名人物”之间有什么不同；在这个社会上，领导力往往被视为是与生俱来的个人特质。

不过我们都知道，齐心协力与集体合作变得越来越重要。在这个日益密切的全球村里，科技与政治的复杂性与日俱增，个人的作用越来越有限。正因为认识到这一点，我们越来越常谈到团队合作的至关重要性。但是，尽管“合作”日益重要，我们的文化依旧停留在倡导出类拔萃的个人的阶段。我们始终活在认同个人成就，而非团队成就的社会文化中。

① 保罗·里维尔（Paul Revere, 1734—1818），美国独立战争时，夜骑赶往麻州警告英军来袭的英雄人物。——译者注

走出独行侠的迷思

尽管那些以银制子弹击溃敌人、一跃而过高耸建筑的孤胆英雄继续驰骋于我们的想象中，但我们都很清楚还有另一种现实存在——古往今来有不少团队往往未经刻意安排，却成功地融合了个人与集体的力量，创造出崭新而美妙的事物。例如，包豪斯学院①、曼哈顿计划②、瓜奈里四重奏乐团③，围绕在电影制片人弗朗西斯·福特·科波拉④及乔治·卢卡斯⑤身边的年轻电影工作者，开发出超级个人计算机的年轻科学家和计算机黑客、互联网的发明者等，这些都只是少数伟大团队，他们以截然不同却经得起考验的方式，重新改变了世界。

我们应该清楚，像我们这样复杂而技术发达的社会，凡是最重要的计划都需要许多才华横溢之士共同参与。无论我们打算发展一项全球业务，还是发掘人脑的奥秘，都不能指望单靠一人完成，不论此人多么才华横溢，或是精力充沛。有太多的问题需要辨识和解决，有太多的联系需要建立。我们虽然宣称合作十分重要，却抗拒集体创造。不切实际的想象使我们拒绝接受事实，沉迷于独行侠的神话中，浪漫地以为伟大事物通常是由一个“人中龙凤”独自成就。尽管存在相反的证据，我们仍

---

① 包豪斯学院（Bauhaus School），德国著名的建筑设计学校。——译者注

② 曼哈顿计划（Manhattan Project），第二次世界大战期间，美国陆军自 1942 年开发核武器计划的代号，亦有译作“曼哈顿工程”“曼哈顿项目”。1945 年 7 月 16 日成功地进行了世界上第一次核爆炸，并制造出两颗实用的原子弹。——译者注

③ 瓜奈里四重奏乐团（Guarnefi Quartet），美国当代顶尖室内乐团，团员皆一时之选。——译者注

④ 弗朗西斯·福特·科波拉（Francis Ford Coppola），著名奥斯卡最佳电影《教父》的导演。——译者注

⑤ 乔治·卢卡斯（George Lucas），著名导演、制片人、编剧，作品有《星球大战》《夺宝奇兵》等。《星球大战》斩获第 50 届奥斯卡奖 6 项大奖。——译者注

倾向于将成就归于伟大人物，而非伟大团队。

团队为王

在这个全球村中，最重要的商品是“即时信息”，因此合作不但是必要的，而且是必然的。除了极少数情况外，一个人的力量总是太小，不足以创造出伟大的成果。全球最大的猎头公司光辉国际（Korn Ferry）及《经济学人》杂志（*The Economist*）最近对一些跨国公司高管所做的研究证实了我们的理论：**未来的机构将领导团队来管理**。当受测者被问到未来十年内，谁将在他们的全球性组织中拥有最大的影响力时，61% 的人认为是“领导团队”，14% 的人认为是“一位领导者”。可是这并不代表我们不再需要领导者，而是必须承认一种新模式：**伟大的领导者不再单独存在，而是与伟大团队共存**。在这种富有创造力的组合下，领导者与其团队能够共同达成“绝非一人所能完成的事物”——**领导者通过团队展现“伟大”，并协助团队成员展现“伟大”**。

领导力箴言
ORGANIZING GENIUS
THE SECRET OF CREATIVE COLLABORATION

伟大的领导者不再单独存在，而是与伟大团队共存。领导者通过团队展现“伟大”，并协助团队成员展现“伟大”。

本书以系统化的方式来考察伟大团队，希望找出他们的团队奇迹究竟是如何创造出来的。我们可以选定任何数量的合作团队——从振兴纽约哈林区的艺术家，到发展人体基因工程的科学家，最终，我们选择了以下七个具有持久影响力的团队。

1. 迪士尼电影公司，1937 年创造了《白雪公主与七个小矮人》卡通片。
2. 施乐公司的帕洛阿尔托研究中心（Palo Alto Research Center，简称 PARC）的伟大团队。
3. 苹果公司，他们把计算机变得易于使用。
4. 继卡特总统之后，1992 年首度将民主党候选人送进白宫的克林顿竞选团队。
5. 洛克希德飞机公司内部，负责最高机密“臭鼬计划”（Skunk Works），结果制造出革命性隐形飞机的航空及材料工程师团队。
6. 知名的艺术学院兼实验社区黑山学院（Black Mountain College）。
7. 最具榜样的伟大团队：“曼哈顿计划”团队。

为何是这七个团队？这些选择之所以刻意强调 20 世纪“以美国为大本营”的团队，是因为 20 世纪正是美国在集体成就方面的黄金时代（法国观察家托克维尔[①]在 150 多年前就注意到：美国人似乎具有集体行动的天赋）。同时我们着重选择的是一些曾对我们共同的现状带来重大改变的团队。“曼哈顿计划”开启了核武器时代的益处与恐怖，显然很够格。而影响没有这么明显的迪士尼动画公司也相当符合——迪士尼公司的艺术家们在沃尔特·迪士尼（Walt Disney）这位幻想家的带领下，创造出一种持久的新艺术形式。沃尔特和哥哥罗伊·迪士尼（Roy Disney）创建的制片厂，始终是全世界娱乐事业与休闲事业的典范，兼具创意及效益。

① 阿列克西·托克维尔（Alexie de Tocqueville, 1805—1859），法国政治家、理论家，因著有《论美国的民主》（*Democracy in America*）一书而闻名。——译者注

这七个团队在许多方面都是伟大的。它们皆由才气过人的成员所组成，而且都完成或创造了精彩绝伦的新产品，不但影响深远，还在其他方面激发出创造性合作。率领苹果电脑公司的乔布斯说过，这些团队都“在宇宙间留下印记”。值得注意的是，除了黑山学院，它们全都致力于创造外在于团队的实质性事物，例如：一部电影、一台计算机、第一架隐形飞机等。执行切实的项目时，团队似乎最有成就（如建造第二座校园时的黑山学院）；项目让这些人共聚一堂，并激发出他们在团队中的最佳表现；项目结束后，团队往往就解散了。

由于人们一味迷信“个别的”天才——比如崇拜电影导演和高知名度的企业家，因此我们可能低估了有多少创造性工作是由团队完成的。如今，一篇重要的科学论文，可能是几百人的杰出思维与实验工作的结晶。

领导力箴言
ORGANIZING GENIUS
THE SECRET OF CREATIVE COLLABORATION

伟大团队可以是一个诱因、一种检验、一个回音壁，是灵感、支持甚至爱的源泉。

集体合作也在艺术界不断出现，虽然我们有一种错觉，就像法国心理学家克劳德·伯纳德（Claud Bernard）所说的：“艺术是我，而科学是我们。”最典型的例子是米开朗基罗的不朽杰作——西斯廷教堂圆顶天花板上的壁画。在我们心目中，我们只看到米开朗基罗—— 一个酷似影星查尔顿·赫斯顿（Charlton Heston）的人，趴在远离教堂地面的鹰架上，孤独地卖力作画；事实上，却有 13 个人帮他画这幅作品。米开朗基罗不单是画家，而且还如同传记作家威廉·华莱士（William E.Wallace）所说，是一个具有相当规模的企业的领导人，这个企业以他的名义集体创作艺术（华莱士在《纽约时报》的这篇评论有个巧妙的标题：《总裁米开朗基罗》）。

其他画家也有集体创作的经验，于 1982 年发表的《艺术圈与艺术家的形成》(*Artists' Circles and the Development of Artists*)就是一篇有代表性的文章。社会学家迈克尔·法雷尔（Michael P. Farrell）在文中介绍了法国画家们的合作组织，其中包括：开创印象派画风的莫奈、马奈、德加以及雷诺阿等人。莫奈和雷诺阿经常在巴比松森林并肩作画。有一段时期，两人的画作近似到莫奈必须细看签名，才能分辨出画作究竟是谁的。布拉克和毕加索的合作也极为密切，立体画派就是因此而诞生的。连续好几年，两人几乎天天见面，不断讨论他们革命性的新画风，力求与对方相似，甚至连衣着都保持一致——都穿机械师所穿的服装，他们戏称自己和飞行先驱莱特兄弟并驾齐驱。后来布拉克将他们创作上的互相依赖，称为“两个捆绑在一起的登山者”。

创造性合作也可见于其他艺术形式。“拍电影”几乎从定义上就能看出是一种集体合作。而取名自一种会移动真菌的皮洛伯洛斯舞蹈团（Pilobolus），创始人是来自于达特茅斯（Dartmouth）的几个运动迷，在跟着一位难得一见的舞蹈老师艾莉森·蔡斯小姐（Alison Chase）学舞后创办的。蔡斯在多年的训练中一直很重视集体探索的过程。所以这支创新舞团的一位团员后来回忆道，他们大部分人几乎没有什么舞蹈技巧，所以只能自己发明。“这绝不是一人所能办到的。”舞团创始人乔纳森·沃肯（Jonathan Wolken）对作家约翰·布里格斯（John Briggs）说。作家通常也是集体合作的获益者，布鲁姆斯伯里文化圈（Bloomsbury Group）就是此类的诸多团队之一，虽然其成员的怪异行径被后人一再描述到令人麻木。此外，20 世纪 20 年代，帕克女士[①]与她声名狼藉的作家朋友经常

① 多萝西·帕克（Dorothy Parker, 1893—1967），美国诗人、短篇小说家、剧评家、编剧，以机智巧诘著名。——译者注

在纽约曼哈顿的艾根金旅馆①聚会，互放厥词，也正是集体力量比尖酸刻薄的个人更有影响力的典型。

在法雷尔谈艺术圈子的文章中，一开始即引用英国小说家亨利·詹姆斯②对集体创作的颂赞：

> 每个人与同伴在同一阵线并肩工作，接受各种建议、互相比较、彼此竞争等刺激时，都会做得更加出色。伟大的事情由一人独自完成固然有其缘由，但比起更愉快、更有利于成长的环境，则往往需要付出加倍的辛劳。

詹姆斯所言极是。有才华的人独立奋斗，也许会虚掷光阴多年去探索一个毫无结果的问题，或是沉溺于创作过程，却得不到成果。**伟大团队可以是一个诱因、一种检验、一个回音壁，是灵感、支持甚至爱的源泉。**百老汇作曲家朱尔斯·史坦恩（Jules Styne）说他一定要有合作对象：“在剧院里，你一定得有个能说话的人，不能一人枯坐在房间作曲。”

伟大团队的特质

我们选中这七个团队，一个原因是它们涵盖了各种可以进行集体合作的行业（包括教育界）；另一个原因是，它们都很传奇。伟大团队是完全投入到惊心动魄的探索过程中的组织，充满活力与创意，成员多姿多彩、才华洋溢，并在极高的风险和时间压力下工作。我们希望每个人都会对

① 艾根金旅馆（Algonquin Hotel），1919—1943 年间，一群美国文人、艺术家、作家在此旅馆做非正式的每日见面。——译者注

② 亨利·詹姆斯（Henry James, 1843—1916），意识流作家的先驱，现代派小说评论的鼻祖，著有《华盛顿广场》《黛茜·米勒》《贵妇的肖像》。——译者注

其中的某些团队感兴趣。这些团队全都专注于创造性地解决问题，而每个团队所遇到的具体问题以及找出的解决之道正是它们的与众不同之处。你会发现，每个团队的故事都是对本章所介绍的主题和理念的展示、启发和延展，同时你也会发现，面对具体难题时，人们如何给出高明的解决方案。

你也许会问，为什么要将焦点集中在伟大团队身上，而不是在我们工作、执教以及置身其中的机构上呢？理由是，我们相信“伟大”永远是更好的老师。平庸的教训俯拾即是，真正的奥妙和原创性则仅见于堪称典范的例子里。要了解这些珍贵的资源（天才）如何艰辛地组合在一起，创造出改善全人类生活的成就，就要先研究伟大团队。

这个需要是非常迫切的。未来的组织将越来越依赖成员的创意才能生存下去。而这些组织里的领导者，必须既能保留富有才华、思想独立的成员，又能提供自由，让他们从事最杰出、最富于想象力的工作。可是我们对领导力与团队的传统认知，则持续荣耀了领导者，牺牲了组织。伟大团队所树立的是一种新典范：**领导者是众多杰出成员中的一员，大家是平等的。在真正的创造性合作中，工作是一种愉悦，唯一的规则与程序是推进共同的事业。**

从心理和社会方面来看，伟大团队均不同于一般团队。**伟大团队很少有士气问题。**成员大都自动自发，陶醉在解决问题的喜悦中。全体成员的注意力都集中于一个伟大的计划，对于一般环境下所产生的困扰全无知觉。

很显然，这其中必定有我们的学校、办公室，甚至社区值得学习之处。

举例来说，课堂上的集体合作在传统上已成禁忌，而且被定义为某种形式的作弊。但是我们在伟大团队中发现，集体合作只会使我们的课堂氛围更愉快、更有成效。伟大团队还为那些缺少激励、令人透不过气的工作场所带来了什么启示呢？请看看大伙儿工作得多么拼命，即便没人监管也是一样。当智慧卓绝之人握有自由和利器，受命去完成一件富有意义的艰巨任务时，士气多么高昂。**假如我们的组织也能像伟大团队一样，人人竭尽所能、贡献智慧，只专注于工作、不在意小节，自我意识完全植根于才华与成就感，这个组织将会多么丰富和快乐啊。**

领导力箴言
ORGANIZING GENIUS
THE SECRET OF CREATIVE COLLABORATION

领导者是众多杰出成员中的一员，大家是平等的。在真正的创造性合作中，工作是一种愉悦，唯一的规则与程序是推进共同的事业。

每个伟大团队都有其独特的成功之道，同时也有他们的共同点。想象一下，25 年前，你是施乐公司帕洛阿尔托研究中心墙上的一只苍蝇。这是第一台具有用户友好性的（user friendly）计算机诞生的地方。这个办公室本身并没有什么特殊，但气氛紧张，充满了伟大计划即将在此实现的感觉。这个团队的多数成员都很年轻，大概二三十岁，而每个人都知道受命进行这项计划是一种荣誉。虽然施乐公司是企业界的巨擘，但帕洛阿尔托研究中心却没有隶属于大企业的感觉，没有来自总部的“统一章程”，气氛倒有点像是某所一流学府的研究院。大伙儿穿着休闲凉鞋和 T 恤；每周开会时，随手抓一把椅子坐下。虽然整个团队忙得无暇进行哲理性思考，但是任何参与者都会告诉你，他们情愿待在这里，也不愿在其他地方工作。金钱不重要，职业生涯也无所谓，项目重于一切。在某些情况下，个人的人际联系都被中断或搁置。当你在实验室待到半夜，身边有几个与你同样着魔的同事，拼命想解决一个紧急问题之际，想拥有个人生活是很困难的。这不是一份工作，而且是一项使命，由眼中闪烁着火花的一群人执行。

伟大团队有一些奇特的共同点。比方说，他们会在极其简陋，甚至寒酸的场所进行了不起的工作。但将来会有人写书，分析何以这么多创新的企业——包括迪士尼、惠普以及苹果电脑，是在车库中诞生的。迪士尼公司的动画家通常在破旧的临时斗室中工作。黑山学院最精彩的成立初期，校园是租借的，到了夏天还必须将所有设备存放在阁楼上，以便让真正拥有房舍的教会搬回来继续聚会活动。“臭鼬计划”在加利福尼亚州最不起眼的伯班克市[①]一幢紧临机场、没有窗户的建筑内秘密进行，而已故的臭鼬计划负责人本·里奇（Ben Rich）表示，那个地方“简直像炸弹掩体一样令人快活”。

我们可以想象，伟大的事物何以多半在平凡或卑微的环境下完成？不起眼或不吸引人的环境或许能激发创意，使众人从零开始，释放心灵去梦想各种可能。而壮丽的景观和现代化的装潢说不定会使人分心，反而破坏重要的工作。不过事实上，伟大团队内的成员大都很少花时间注意周遭，他们偏偏具有视野狭窄症。无论是赶在德国之前制造出炸弹，或是发明一台连小孩子都会使用的计算机，总之，**在伟大团队中，“计划”才是最重要的，“正确的工具”也是关键，豪华的环境则排名在后**。于是，伟大团队的办公室往往就像特雷西·基德（Tracy Kidder）在《新机器的灵魂》（*The Soul of a New Machine*）一书中对老鹰（Eagle）计算机办公室所做的描述：“有如心理学家为小动物所建造的实验用堡垒。”

① 伯班克市（Burbank），恰巧是迪士尼动画公司的老家。

伟大团队都有了不起的领导者。结果自然是：当他们失去领导者时，就会失去方向。1966年沃尔特去世后，迪士尼公司正是如此。这实在是一个悖论。伟大团队是社团性、非等级的，由能干的个人所组成，这些人往往具有反权威的性格。但是,这些团队却都有一个强大的精神领导者。这些领导者或许像曼哈顿计划中高高在上的奥本海默，或是像帕洛阿尔托研究中心的泰勒（Kennedyesque Bob Taylor）。他们有的看起来也许像迪士尼那样单纯，不谙世故；有的则像乔布斯与卡维尔[①]，如同青少年一般肆无忌惮。不过所有的领导者都具有共同的重要特质。

首先，他们都善于识别人才。伟大团队似乎会自行成长：某些地点和某些人几乎就是杰出、刺激的代名词，成为吸引人才的磁场。例如，在德国哥廷根（Gottingen）进行的物理研究，吸引了奥本海默等多位伟大的科学家；还有，在旧金山盛极一时的“垮掉的一代”运动[②]，则吸引了许多作家参与。但是伟大团队也要靠塑造。**网罗合适的人才，是建立伟大团队的第一步。**伟大团队的召集人必定不怕雇用比自己更高明的人，他所寻求的人才具备：

- 出类拔萃的专业能力。
- 与他人合作的能力。

计算机先驱阿伦·凯[③]追忆帕洛阿尔托研究中心的泰勒是“一位天才

---

① 姆斯·卡维尔（James Carville），1992年克林顿阵营内号称“愤怒混血儿”的人物。——译者注

② “垮掉的一代”运动（Beat Generation），第二次世界大战后，一群作家、诗人发起的反传统的文艺运动，歌颂下层阶级、唾弃主流。——译者注

③ 阿伦·凯（Alan Kay），首创个人计算机的观念，开发笔记本电脑雏形，发明重叠窗口接口，首创对象导向概念。——译者注

的鉴定家”，他所吸引的人才兼具了才华和集体合作的能力。迪士尼动画公司的负责人彼得·施赖德（Peter Schneider）寻找的也是既有才华，又能与他人并肩工作的人——这些人追求的是共同的梦想，而非单纯的个人目标。施赖德绝不起用那些“不能在游戏沙池中与他人愉快共事的人”，不论他多么能干。

能够与他人合作，并非传统所谓的“融入”。芝加哥公牛队的明星球员丹尼斯·罗德曼（Dennis Rodman）虽然作风浮夸，教练菲尔·杰克逊（Phil Jackson）却非常珍惜他为这个冠军队所带来的一切。杰克逊经常引用印第安人苏族及其他原住民的风俗来启发队友：“罗德曼是我们的福气，因为他好像一个部落中的小丑，是一个穿着错乱、倒着走路的特别人物。但他受人尊敬，因为只要你看到他，他就会给你带来真正的改变。”

如何寻找有能力担负重任之人呢？有些领导者表示，要寻找“眼中带有火花的人”，也有人依赖测验。发明家爱迪生就是一位既具备直觉，又条理清晰的领导者。他喜欢让应征者参加有时间限制的考试，试题有150道，包括科学、历史、工程和其他主题。爱迪生相信记忆力是良好决策的基础，因此试题包罗万象，从“皮革如何染色”到“12厘黄金的价格是多少”都有。协助开发互联网的心理学家利克莱德[①]，依赖的是米勒模拟测验，也就是提出：“如果‘北’相对应于‘南’，那么‘蓝色’应相对于什么”的正确答案是“灰色”。利克莱德相信，凡测验成绩出色的人应该都具备渊博的知识并重视人际关系。他说：“只要参加米勒模拟测验的人能得85分或更高分，我就雇用，因为他一定非常擅长某一方面。”

① 利克莱德（J.C.R. Licklider, 1915—1991），以开发网络、分时、互动运算系统著称，美国国防部先进研究计划处主持人。——译者注

招募人才的过程通常也是一个“建立承诺”的过程。数据通用公司（Data General）的汤姆·魏斯特（Tom West）和他的同僚，就会向可能被聘用的人介绍他们的秘密计算机计划，以及成员必须多出色才能入围，能够中选者则犹如凤毛麟角。结果获选人都自认为是受人艳羡的精英，不论工作多繁重、报酬多微薄都不介意。臭鼬计划的创始人——传奇人物凯利·约翰逊（Kelly Johnson）只聘用每项专业中最优秀的人才（迪士尼也这么做）。他下属的一名中尉写信给《追求卓越》（*In Search of Excellence*）一书的作者汤姆·彼得斯（Tom Peters）：

> 每个人都被告知，他们被选中是因为他们最杰出。不论这到底是不是真话，但人人都相信，而且拼了命也要表现出最高水平。

谁会成为伟大团队的一员？这些参与者往往都很年轻，35 岁就算年长了。从历史上看，女性也曾创立过一些了不起的团队。1909—1910 年，纽约市的女式衬衫罢工运动，就是一个例子。一群由女性工运组织者、青少年劳工（大部分是意大利裔和犹太移民）、大学生，以及上流社会女性组成的“貂皮大衣军团”，集合了纽约东区南部毛衣店的 3 万名劳工发动罢工。她们行动一致，号召正义，全体穿着白衬衫和长裙，冒着被打、被捕、收入减少的危险，团结在一起。她们的抗争虽然并未引发多少长期改革，而且因一年后，三角牌女式衬衫（Triangle Shirtwaist）工厂发生一场大火夺走 146 条人命，而被笼罩上一层阴影，不过这次行动却是女性团结一致寻求变革的体现。其中不少罢工人士也加入了其他伟大团队。例如罢工领导人欧莱丽[①]就是“美国有色人种促进协会”（CAACP）的创

① 莉奥诺拉·欧·莱丽（Leonora O. Reiuy, 1870—1927），妇女劳工联盟先驱，争取工作环境的改善。——译者注

始人之一，主张扩大妇女的参政范围。

虽然女性在我们提出的七个伟大团队中都有参与，不过大部分团队仍以男性为主，我们大致可归因为是女性缺乏职业机会所致。虽然大部分伟大团队的成员均为男性，但不见得它们就会变成乏味的“老男人俱乐部”。这样的团队中有个典型现象：**他们充满乐趣，绝对保持童心。**

许多伟大团队都令人感觉如同置身彼得·潘世界，不论其中有没有女性。想想黑山学院的奥尔森[①]，他相信“比起当诗人来，女性更适合当母亲”。又如臭鼬计划中，极富天才而又一知半解的工程师们，一度还举行比赛看谁的臀部最大。性别歧视的确使女性被排除在伟大团队之外，但团队状态中可能也有某些因素阻碍了女性的加入。（这显然是一个可以进行严肃研究的好领域，倘若真能找出方法来发掘所有能干的人才，不限于男性，那该有多好。）其中少数族裔的人数也特别少，即使是美国南部第一所招收黑人学生、雇用黑人教职员的黑山学院也不例外。伟大团队经常吸引特立独行的人，例如黑山学院的创始人约翰·赖斯（John Rice），就因为与校长顽抗而被佛罗里达州洛林斯学院（Rollings College）开除过；至于美国洛斯阿拉莫斯国家实验室，则有喜欢开玩笑、后来荣获诺贝尔奖的天才物理学家理查德·费曼（Richard Feynman）。参与伟大团队的人即使不是彻底叛逆，多半也不拘泥于传统，或是在自己的专业领域边缘游走。

“年轻”当然会给这些企业注入无限的活力，因为并非主流成功人士，

① 查尔斯·奥尔森（Charles Olson, 1910—1971），以诗和散文著称，美国诗界名人，创立黑山诗派，旨在实践《黑山评论》中所阐释的那种较强的肉体性和直接亲密的写作方式。——译者注

他们也避免过于遵从正统。不过年轻人带给伟大团队最重要的一点，也许是他们梦幻式的自信。基德就引述了魏斯特取自克雷①的人才搜罗策略。克雷喜欢聘用才华出众、刚取得执照的工程师，他相信缺乏经验是一种优势，而不是缺点，因为这些未经事故的新人，"通常不知道何谓不可能"。法国浪漫派作曲家赫克托·柏辽兹（Hector Berlioz）对同期作曲家圣桑也有类似的描述："圣桑什么都知道，唯一缺少的是经验。"

领导力箴言
ORGANIZING GENIUS
THE SECRET OF CREATIVE COLLABORATION

伟大团队并非现实主义的天堂，他们是一群充满活力的乐天派。

许多伟大团队对他们所能完成的任务，都充满了完全不切实际的激昂想法。因为不知道什么做不到，他们反而把一切变为可能。曾执导过令人难忘的名片《谍网迷魂》②的导演约翰·弗兰肯海默（John Frankenheimer），在接受广播电台访问时说，电视的黄金时代是促成他和其他影像先驱产生天真观点的原因："我们不知道自己办不到，所以就办到了。"弗兰肯海默曾以现场播出的严苛形式，拍出经典电视戏剧《马蒂》③。时间教了我们许多——包括"极限"；时间也迫使人们面对个人终将死亡的问题，不论这些人多么杰出。简而言之，经验使人现实，而这不尽然是好现象。一如心理学家马丁·塞利格曼的说法，现实主义是引起抑郁、缺乏行动、丧失自信等病症的危险因素。伟大团队往往表现出集体否定的态度。"否定"可以蔑视困难、坚定决心、使人自由。**伟大团**

① 西摩·克雷（Seymour Cray, 1925—1996），设计高速计算机的传奇人物。被称为"超级计算机之父"。——译者注

②《谍网迷魂》（*The Manchuriatl Candidate*），1962 年拍摄的黑白政治惊悚片。——译者注

③《马蒂》（*Marty*），第 28 届奥斯卡最佳影片。——译者注

队并非现实主义的天堂，他们是一群充满活力的乐天派。

伟大团队中有很多万能先生，就是那种童年时代把家中电视机拆解，再设法组装起来的人物。他们乐于花费无数时间研究事物如何运作，包括一些不存在的事物。有一则关于工程师的笑话，足以传神地描绘这些创造性合作者的心态：

> 一名工程师遇到了一只青蛙。青蛙说，他只要吻它，就可以得到一切他想要的东西。
>
> “我不要。”工程师说。
>
> “好嘛，”青蛙说，“吻我，我就会变成美女。”
>
> “我还是不要，”工程师说，“我可没空交女朋友，不过一只会说话的青蛙——这可就炫喽！”

伟大团队的成员不畏科技，而且拥抱科技。他们还认为“创造未来”才真正是帅呆了。

好奇心是每个伟大团队的燃料。团队内的成员不只是在解决问题，他们投入的是一个探索的过程，而这过程本身就是一种回馈。这类团队中，几乎每个人都具有超凡的独特技能，比如“数学天赋”往往是其中的一种。他们也都具备另一种特质：**既能识别重要的问题，又能找出富有创意和突破性的答案，而不是平凡的解决之道。他们的心灵饥渴迫切，但凡接触到的事物，都要追根究底。他们大都兴趣广泛，知识渊博犹如百科全书。**帕洛阿尔托研究中心的奇才阿伦·凯就是一个例子。他博学多闻，在数学、生物、音乐、发展心理学、哲学及其他领域都成就斐然，目前则是苹果电脑公司的员工。在接受我们访问时，他对政治问题、经济理论以及理想城镇的大小都有精辟的洞见，之后才提到帕洛阿尔托研究中心的过去。阿伦·凯是那种以权威口吻说话的人："计算机科学就像是英王乔治时期的圣歌，也就是一行旋律在较大音阶中的变化形式。平行处理则像是对位音乐。"阿伦·凯的见解可以说是信手拈来。他对儿童学习方式的了解，帮助他想象出一种让儿童也会使用的计算机。作家斯图尔特·布兰德（Stewart Brand）在《全球目录》（*The Whole Earth Catalog*）一书中所用的技法是，强迫读者在阅读中经历一种寻宝之旅，而不是预先设定好的情节，这种思路影响到阿伦·凯和他的同事，从而设计出帕洛阿尔托研究中心革命性的网络浏览器。像阿伦·凯这样的人之所以能够想出他人联想不到的事物，部分原因是他们知识异常丰富。伟大团队的独到之处便是能够吸引像阿伦·凯这样的不凡之辈，并营造一种让卓越心灵相互交流，使个人与团队都能有所成就的气氛。

"人皆不愿被管理，而希望被领导"，这句陈词滥调在汇聚像阿伦·凯这样一群人时，绝对是真理。德鲁克曾说过："知识型员工（knowledge workers）是不能被管理的。"（正是因为这个原因，如果你有兴趣经营一家以信息技术为基础的企业，就该细细研究伟大团队。）领导一群天才，领导者需要做到：

- 要赢得相当的尊敬；让天才认为他说的话有价值，因为天才总是可以有其他的选择。
- 能激发彼此信任，并值得大家信任。
- 要谦恭殷勤——虽然彬彬有礼并非伟大团队的特点，但想要带领伟大团队的人必须具备这个特质。

马里亚当代指挥大师卡洛·马里亚·朱里尼（Carlo Maria Giulini）认

为，要让洛杉矶爱乐交响乐团中每一位富有才华的成员都能集体呈现出最美妙的音乐，这点最重要。他回忆："即使情况棘手，我也会对乐团说明我的观点。我不强迫他们，因为在被迫情形下表现出的正确反应，即使与心悦诚服下的表现一致，依旧是不同的。"伟大团队的领导者若是态度粗鲁（乔布斯和沃尔特就会偶尔为之），便会危及他们的梦想。

伟大团队的成员不需要别人告诉他应该做什么，但可能需要有人将他放在合适的岗位上——这是教育家爱说的话。的确，绝对不能告诉他们"应该做什么"。有能力决定"需要做什么"以及"如何去做"，这两点正是当初他们加入的理由。在精英合作的环境中，才华过人、有高度承诺的人们，自然被视为不可或缺之人。已故的杰里·加西亚（Jerry Garcia）是"感恩而死"（Grateful Dead）摇滚乐团里善于谋略的伟大人物。他曾说："你不是只想被看作最优秀的人中最优秀的一个；你只想被认为是不可或缺之人。"这类人必须让他自由从事只有他们才做得了的事。伟大团队是由一群原创性思想者协同而成的。基德曾对这种创造性合作团队的结构有个美妙的形容，他认为他们是：**"自动自发、互相负责的网络。"**这样的团队对目标寄予了着魔般的关注，完全不在意组织结构图（它往往成为他们练飞镖的标靶），除非它阻挠了计划的进行。

我们怀疑伟大团队的成员之所以大都年轻，是因为成熟而自信的天才会更独立——除非他们认为计划令人无法抗拒，才会决定参与。以迪士尼动画为例，它目前正在流失一些最优秀、最有经验的动画家，施赖德认为，这是因为中年人更看重生活，会使创造性的集体合作的吸引力减弱。

伟大团队的领导艺术

谁能成功组建并领导这些伟大团队呢？他们必定是务实的梦想家。

- 他们能够推动事情的完成，但他们也永怀不灭的渴望。
- 他们通常具有科学心灵、诗意灵魂（奥本海默抒发他对原子及其用途的矛盾情感时，立刻就成为以对话解释印度教经典的智者）。
- 他们必定具有原创性的眼光，因为每个伟大团队的心中都有一个梦—— 一个伟大的梦，不单只是追求成功的野心。

梦想也是驱策团队的动力，它激励整个团队，仿佛全人类命运皆系于一台革命性新型计算机的推出。这个梦就像一纸契约、一种相互间的了解，不论它是一种崭新的娱乐形式、一个新的政治纪元，还是一种对学习的极端新见解……总之，这项新产品乃至于开发过程，都将使一切付出变得有价值。从理想的角度来看，这个目标也是可行的梦想。沃尔特每一次都会这样要求下属画家改进卡通人物的外表："如果你能梦想到，你就能做到。"他这么认为，他们也都这样坚信。

像奥本海默这样真正伟大的领导者，似乎都能将梦想具体化，与梦想合二为一。同时他们也要做其他关键事务。心理学家阿马布勒[①]等人已经证明，环境的构成方式，对创造性有极大的影响，包括好的影响和坏的影响。最能引导创造性的气氛是，成员既感受到自主性，又能专注于共同目标。阿马布勒发现："约束"是创造性最大的杀手，"自由"或"自主性"则是催化剂。

① 特雷莎·阿马布勒（Teresa M.Amabile），研究创造力的社会心理专家，现任哈佛大学教授。——译者注

所有高效的领导者都很乐于做决定，但也会让成员以他们认为恰当的方式工作。电影导演的本领在于推动项目的进展，同时让参与者有最佳表现。这也是艺术指导罗伯特·波意耳（Robert Boyle）最看重悬疑片大师希区柯克的原因。波意耳回忆了自己与希区柯克在 1959 年合作拍摄电影《西北偏北》（*North by Northwest*）时的情形。从艺术指导的角度来看，这是一部特别富有挑战性的电影，因为波意耳必须克服种种障碍，比如内政部拒绝让老牌影星卡里·格兰特（Cary Grant）和其他演员在雕有几位伟大总统头像的拉什莫尔山国家纪念碑（Mount Rushmore）前演出。波意耳回忆，“解决困难”是拍电影的乐趣之一（结果他先把山拍下来，并拍下雕像的照片，把它变成背景，在摄影棚内将这场高潮戏拍好）。他说：“希区柯克的要求非常高，但他也是我所共事过的最能与人合作的导演。因为你是专业人员，所以他希望你做好分内的工作。是他让我们团结在一起的”。

即便可能遭遇失败，领导者仍然鼓励创新。在创造性团队中，失败是一种学习过程，而非惩戒的借口。创造必定要承担风险，在伟大团队中，大家都能理解冒险者偶尔会失败。迪士尼公司总裁艾斯纳[①]表示，迪士尼公司是个“让人觉得失败也没关系”的地方。他相信，害怕失败或唯恐想出不合常理的点子就会遭人嗤笑的环境，将会扼杀创意。他经常引述冰上曲棍球球员格雷茨基[②]的观察：“如果不击球，你就百分之百错过了这个机会。”艾斯纳会再加上一句重要注解：“失败是好事，只要不把它变成习惯。”

---

① 迈克尔·艾斯纳（Michsel Eisner），影视圈著名的专业经理人，于沃尔特·迪士尼逝世后一手提振公司文化，拍摄了许多近年来风行全球的卡通长片，重掌产业龙头。——译者注

② 韦恩·格雷茨基（Wayne Gretzky），美国国家曲棍球联盟的杰出选手，战绩彪炳，满身战功。——译者注

强大的领导力在伟大团队中固然是典型，形式却可能有所不同。很能创新、而且非常有默契的俄耳甫斯室内乐团（Orpheus）就没有总指挥，而是在不同的音乐会上由不同团员带领演奏。

许多伟大团队采用双线并行的管理方式。它们有一个精神领导者，也有一个保护它们免受外界（即“公司规章”）侵扰的保护神。伟大团队往往像是与世隔绝的岛国居民——就如“曼哈顿计划”在新墨西哥州沙漠中进行、黑山学院设在北卡罗来纳州西部的山脚一样。奥本海默虽然是美国洛斯阿拉莫斯国家实验室的创意领导者，但格罗夫斯将军[①]才是他们的保护神。他没有得到科学家们的爱戴，但其实他为科学家们提供了很多服务；他坚守在创造性团队与外在势力之间，外在势力就是控制整个团队的资源、随时可以介入的军方官僚体系。伟大团队都有不受礼数限制的倾向，成员有时穿着随兴，像黑山学院成员就因为足蹬凉鞋，甚至打着赤脚，而令当地居民大惊失色。不过，无论外表如何，他们永远是规则的破坏者。伟大团队的成员绝不是公司内的核心人物，也不会是以高速前进的企业员工——他们永远有自己的速度。

领导力箴言
ORGANIZING GENIUS
THE SECRET OF CREATIVE COLLABORATION

即便可能遭遇失败，领导者仍然鼓励创新。在创造性团队中，失败是一种学习过程，而非惩戒的借口。

他们多半需要有人转移对他们的批评，以及其他内部官僚和传统人士对他们的注意。阿伦·凯表示，在帕洛阿尔托研究中心，泰勒将这件事做得极好。“泰勒将他的身体挡在施乐公司和我们之间。”这是阿伦·凯20年后的回忆。保护神通常缺少精神领导者的锋芒，但重要性却分毫不

① 莱斯利·格罗夫斯（Leslie R Groves），曼哈顿计划的军方管理者。——译者注

减——在必须经过正式批准，以及全体同意才能理解他们梦想的企业，这样的人尤其重要。这也是帕洛阿尔托研究中心的宿命；泰勒阻拦了施乐公司对团队的干扰，却无法说服公司大批量生产革命性的阿尔托计算机。在“曼哈顿计划”中，格罗夫斯让奥本海默自由研究科学。面对心智独立的下属，奥本海默从科学家身上获得了他所需要的结果，而格罗夫斯则从高层手中取得科学家的所需——两人共同促成了此事。

伟大团队内成员的热情，与领导者能否有效清晰地传达将他们联系在一起的共同愿景密切相关。乔布斯在召集麦金托什计算机制造团队时，鼓舞下属道：他们所要制造的东西，绝不仅是伟大而已，而是“疯狂的伟大”。他不以计算机制造细节来敦促他们，而以一些口号来反映和强化这个计划的精神。“宁为海盗，不做海军！”乔布斯劝告他们。于是他们在办公室挂起骷髅旗，下面摆着两根交叉的骨头。领导者总是不择手段地激励下属。当弗兰克·戴尔（Frank Dale）担任《洛杉矶前锋检查报》①主编时，他在办公室的座椅上安装飞机专用安全带，以便为记者打气对抗《洛杉矶时报》（*Los Angeles Times*）。信息很清楚：《洛杉矶前锋检查报》即将升空，与大报决一死战。

这些领导者了解人类的本性。他们知道人们渴望的是“意义”。没有意义的工作就是浪费时间，而我们则变成弥尔顿②笔下沉沦的大力士参孙—— 一个“轮下的奴隶”。乔布斯也与其他人一样，了解思想即游戏。解决问题能让我们进化，它带给我们的欢愉就如同性一般美妙。伟大团队的领导者从直觉上掌握了这个重点，知道有目标的工作是一种美好的

① 英文名为“*Los Angeles Herald Examiner*”，现已停刊。——译者注

② 约翰·弥尔顿（John Milton, 1608—1674），英国诗人。代表作品有：《失乐园》《利西达斯》《基督诞生的早晨》《十四行诗》和《论出版自由》。——译者注

游戏。

无论老师如何教导，我们都是达尔文主义的追随者，喜欢竞争，因此，**每个伟大团队都要借助敌人来定义自身。**有时候，这个敌人是真的，例如，“曼哈顿计划”所面对的是轴心国的威胁。不过敌人的主要功能多半是为了巩固和界定团队自身，借着嗤笑对方来展现与之不同的自己。对苹果电脑公司而言，IBM 就像撒旦，而它最畅销的计算机在苹果电脑公司员工的眼中，则是他们所歧视的保守文化的象征——庞大而不优雅。乔布斯和他的海盗群则像专心致志、兴致高昂的青少年反抗军，怀着有如对抗纳粹般的心情在迎战。在伟大团队中，与敌人交战是极严肃、又带有玩笑性质的。苹果电脑公司在 1984 年超级杯美式足球赛期间，以一部划时代的广告宣布麦金托什计算机问世，广告中暗示使用 IBM 的人，就像猛嚼数字的怪兽，形同行尸走肉的奴隶。同一天，苹果电脑公司的股东们则在一卷录影带中看到一台会说话的逗趣计算机，显然不像 IBM 那般庞然。有旁白打趣道：“绝不可信任一台你搬不动的计算机。”

在发现 DNA 结构的奋战中，沃森①和克里克②将他们的科学对手鲍林③比作恶棍。不过将对手比作恶魔的效果，还远不及 1992 年克林顿竞选阵营的卡维尔。他是一位令人难忘的毁谤大师，对布什总统和其他共和党党员简直批评到猪狗不如的地步。卡维尔坚持每一场战役都要有敌人，才能保持精力旺盛和火力集中。其他领域的领导者也同意这一点。

---

① 詹姆斯·沃森（James Watson），1962 年诺贝尔生理学或医学奖得主，与克里克共同发现 DNA 双螺旋结构。——译者注

② 弗朗西斯·克里克（Francis Crick, 1916—2004），1962 年诺贝尔生理学或医学奖得主。——译者注

③ 莱纳斯·鲍林（Linus Pauling, 1901—1994），1954 年诺贝尔化学奖得主及 1962 年诺贝尔和平奖得主。化学家及和平运动战士。——译者注

可口可乐公司董事长罗伯特·戈伊苏埃塔（Robert Goizueta）和通用电气公司总裁韦尔奇在《财富》杂志的一席谈话中表示，没有敌人的机构必须创造敌人。理由是：“这是开战的唯一办法。”可口可乐公司也许对外倡导全世界欢唱，但设在办公室走廊内的座右铭却是：“摧毁百事可乐！”对它们而言，敌人越强大越好。伟大团队总是自认为是处于劣势的赢家，一如《圣经》中足智多谋的牧羊人大卫，杀死了象征传统、旧制度和傲慢的巨人哥利亚。

领导力箴言
ORGANIZING GENIUS
THE SECRET OF CREATIVE COLLABORATION

领导者就是一个充满激情，相信可以诱导他人共享梦想的人。

所有伟大团队的领导者都设法为“奋斗”赋予意义。有时，目标非常崇高，意义不言而喻。奥本海默的团队知道它的使命是“捍卫民主”，帕洛阿尔托研究中心知道他们在“创造一种极致的新技术”。而具有鼓舞性的领导者，还能将最世俗的计划变得有如神圣的使命。我们当然可以辩解，贩售工匠牌工具本质上不能算是高贵的动机。不过，当阿瑟·马丁内斯（Arthur Martinez）在1992年接手西尔斯百货（Sears）零售业务时，允诺给下属的一道神圣挑战，就如同十字军东征。“我觉得自己像是在传福音，”他对《财富》杂志的记者说，“我真的是在招募人马共赴使命。”马丁内斯预备将西尔斯百货改头换面，他对员工说：“这将是商业史上最大的冒险，没有先例可循，风险极大。你们必须勇敢十足、自信满满，不过只要做得到，就能发财。更重要的是，我们会得到心灵上的无比满足。所以你怎能不做？”**领导者就是一个充满激情，相信可以诱导他人共享梦想的人。**

伟大团队中的人似乎总是与魔鬼打交道，为了寻求伟大，即使不像浮士德一样放弃自己的灵魂，也要放弃正常的生活。由于他们是追求使命的狂人，着魔于手头的计划，因此与团队以外的关系往往不会很和谐。数据通用公司的老鹰计划中，有一位工程师的妻子表示，当她丈夫开玩笑地告诉她，公司提供赡养费以及医保等福利时，她完全相信。而在团队内，激烈的气氛通常带有一丝“性”的意味。在黑人运动员辛普森（O. J. Simpson）杀妻案第一阶段的审判过程中，两位检察官马西娅·克拉克（Marcia Clark）和克里斯·达登（Chris Darden）发生了一段恋情，不过他们并未发展为情侣。达登后来解释：“我们每天一起工作十五六个小时，注视着彼此在法庭上的背影，为媒体报道和其他以讹传讹的种种事情互相安慰。”在黑山学院，激烈的意见交流偶尔会演变成单纯的激情。三位学校领导者中的赖斯与奥尔森，都和学生发生过恋情。而罗伯特·科林吉里（Robert Cringely）对苹果电脑公司极盛时期的观察是：伟大团队都是性感的场所。

在绝大多数创造性合作中，角色与关系都受“计划”所主导。在不那么卓越的团队，领导者有相当程度的管理工作要做，不过伟大团队却需要更有灵活性的领导，多提供便利，而不是加强控制。才华出众的人就像猫一样，不能受到管束。**军事化的领导方式强调“命令”与“控制”，压抑创造力，而伟大团队需要能“鼓舞”和“赋能”的领导者。**韦尔奇形容他在通用电气公司的角色：“我只做三件事：选对人、分对钱，以光速般的速度把某部门的意见转达给另一部门。”这三项任务对于创造性合作团队中的任何人来说都耳熟能详。许多伟大团队的领导者会花费大量时间，确保“正确的信息”传达给“正确的人”，这也是帕洛阿尔托研究中心每周不得不开会的主要目的。伟大团队的成员可能对使命、同事都太有默契，以致连话都不必说出口；不过他们仍旧必须取得相关的信息。

伟大团队的领导者还需具备一些隐性的功能。国家广播公司快节奏剧集《急诊室的春天》（*Emergency Room*）的演员乔治·克鲁尼[①]表示，该剧创作人克莱顿[②]对这部戏最大的贡献就是他的影响力。克莱顿是历久不衰、获利最高的娱乐电影《侏罗纪公园》（*Jurassic Park*）的作者，也是娱乐界超重量级的大人物，可以呼风唤雨。克鲁尼说克莱顿可以挂名其他看来同样有前途、有创意的剧集，可惜那些戏剧创造者缺乏克莱顿的势力，所以他们的计划不是狗尾续貂，就是被迫夭折。

领导力箴言

ORGANIZING GENIUS THE SECRET OF CREATIVE COLLABORATION

军事化的领导方式强调“命令”与“控制”，压抑创造力，而伟大团队需要能“鼓舞”和“赋能”的领导者。

领导者对一个伟大团队所能做的最大贡献，就是帮助成员发现自身的卓越之处。创造性合作团队是一条双向道。领导者因为缺乏必要的技术，或者梦想太过复杂，而经常被一股痛苦的无力感所驱策——他们发觉除了集体合作外，无法实现愿景。沃尔特可以筑梦，但实际上，除非他能找到其他数百位天才一起合作，否则单凭一个人是无法办到的。也许领导者正是最需要团队的人。意大利著名的戏剧作家卢西亚诺·克列梭安索（Luciano De Crescenzo）的名言是：“我们都是只有单翼的天使，唯有彼此拥抱才能翱翔。”此话对领导者及其成员来说都是颠扑不破的真理。

---

① 乔治·克鲁尼（George Cloony），美国著名演员，在该剧中饰演医生。——译者注

② 迈克尔·克莱顿（Michael Crichton），美国著名畅销书作家和影视导演、制片人。作品有《侏罗纪公园》《龙卷风》和《刚果》等。——译者注

伟大团队的文化氛围

虽然伟大团队时常面临几近绝望的时刻，可是他们更常放声大笑。在克林顿阵营，卡维尔还抽出时间在一个同事头上敲碎鸡蛋，以荒谬而有效的方式纾解积压多时的紧张情绪。盛行于硅谷的打水仗，则成了生活中的固定模式。**创造性合作组织成员有他们的专用语言、内部笑话、服装和传统，这些人自成族群。**苹果电脑公司最负盛名的团队的T恤上，有一道问题：“扭紧一枚灯泡需要几个苹果员工？”答案是：“6个，1人装灯泡，另外5人设计T恤。”历代迪士尼公司的动画家都玩过“一次最多能扔几枚图钉”的比赛，这种略带危险的竞争游戏，年轻人已经玩了上百年。

在真正有创意的集体合作中，几乎每个人都会感觉到自己可以做主。在20世纪40年代初期，黑山学院的学生与教职员，以双手搭建校舍（每个学生都要对自己的房间完成最后装修；可想而知，每个人的手艺自然有所不同）。麦金托什团队标示拥有权的方式，则是在每台机器内打上自己的签名。这是他们留下脚印的方式，是在自己所创造出来的一小片世界留下的宣言。

卓越的团队何以不会变为一群盲目崇拜的狂热分子呢？原因之一可能是，他们许多人参与的是科学，需要不断试验和习惯性地质疑，不容易像其他学问那样令人产生狂热。伟大团队同时也是一个鼓励发表异议的场所，不过异议必须符合这些企业内以“发现”为己任的精神。这些集体合作有些类似大学社团——领导者与其他人地位相当，而非具有独特技能或知识。**伟大团队中的“自我”通常都得以充分发展，不大可能把领导者奉为先知。**

伟大团队的遗产

伟大团队经常在计划完成后解散，有如生产后即匆匆死亡的动物。为何这些生命短促的团队能散发出如此耀眼的光芒，使参与者永难忘怀？为何乔治·斯特凡诺普洛斯（George Stephanopoulos）在回顾长达数月的辛苦助选工作时，对总统当选人克林顿说“这是我做过的最棒的事”？理由一箩筐。团队内的生活经常是成员生命中最愉快的经历。能够在一群人中全力表现智慧，最令他们陶醉。阿伦·凯提到他在帕洛阿尔托研究中心的同事时称赞他们“以双手照亮世界”。以价值和热情为基础的团队是罕见的，参与其中自然令人永志难忘。除此以外，就是**杰出表现能带来纯粹的狂喜；天才希望有所表现，也需要有所表现。**

加入伟大团队是要付出代价的。事后的反应往往很强烈，而集体合作的强度则有如一剂猛药，能使其他一切显得单调平凡。参与这些创造性团队、一起历险的当事人，似乎没有人感到遗憾。能与其他有能力的人一起做有价值的事，比一个人埋头苦干好太多了。墨西哥作家富恩特斯[①]说：“当我独自一人时，我简直一贫如洗。”置身于伟大团队中，你就是从囚笼中暂时获释的人。身为团队一员，你就摆脱了世俗（没有人会拿问题来烦你），收入虽然微薄，责任却重大。帕洛阿尔托研究中心或《白雪公主与七个小矮人》的创作成员，没有一位提到漫长的苦日子，或者谁应居功。他们只记得破除障碍、完成壮举时，有多么兴奋。天才是稀有的，能够与他人共同合作的机会则少之又少。传奇的高空杂技演员卡尔·沃伦达[②]

① 卡洛斯·富恩特斯（Carlos Fuentes），拉丁美洲最有文采的作家，一生主张写作自由，曾任墨西哥驻法大使。——译者注

② 卡尔·沃伦达（Karl Wallenda），出身马戏世家，1978年在波多黎各进行钢丝特技表演时坠亡，终年73岁。——译者注

曾说："走钢丝的时刻才是生活；其他时刻都是等待。"我们大多数人都在等待，只有在伟大团队中，才华方能激活。

借鉴的几本参考书

撰写本书时，我们非常倚重既存的历史及其他二手资料，同时拜访了许多伟大团队的参与者。我们得力于以下几本书所叙述的这些团队了不起的过去：

马丁·杜伯曼（Martin Duberman）所著《黑山学院：社区中的探奇》（*Black Moutain: An Exploration in community*）；理查德·罗兹（Richard Rhodes）所著《原子弹的制造》（*The Making of the Atomic Bomb*）；道格拉斯·史密斯（Douglas K. Smith）和罗伯特·亚历山大（Robert C.Alexander）所著的介绍施乐公司和个人计算机的《探索未来》（*Fumbling the Future*）；史蒂文·利维（Steven Levy）所著的介绍麦金托什计算机的《疯狂伟大》（*Insanely Great*）；罗伯特·克林吉利（Robert X. Cringely）所著的介绍硅谷传奇的《意外的王国》（*Accidental Empires*）；本·里奇（Ben Rich）和利奥·雅诺什（Leo Janos）所著的《臭鼬计划》（*Skunk Works*）；由《新闻周刊》（*Newsweek*）一组记者详细报道克林顿第一次竞选活动的《角逐1992年总统之职》（*Quest for the Presidenty 1992*）；特雷西·基德尔（Tracy Kidder）研究伟大团队的经典之作《新机器的灵魂》（*The Soul of a News Machine*）也是一本无价的好书。

“

WARREN
BENNIS

THE SECRET OF CREATIVE COLLABORATION

有一天，一个小男孩问我：“你画米老鼠吗？”我说没有。“那么，你是不是负责构想所有的笑话和点子？”我说：“没有，我不做这些。”最后他望着我说：“迪士尼先生，你到底做什么呀？”这可真把我给难倒了。“呃，”我说，“有时候，我把自己当作一只小蜜蜂，从片厂一角飞到另一角，收集花粉，给每个人打打气。”我猜这就是我的工作。

”

ORGANIZING GENIUS

THE SECRET OF CREATIVE COLLABORATION

02 迪士尼动画

沃尔特与他的团队

只要你能想到，你就能做到。

——沃尔特·迪士尼

Great Groups and great leaders create each other.

伟大团队和伟大领导者相互成就。

1985年7月24日，迪士尼公司动画部陷入了最低谷，新推出的卡通影片《黑锅》遭到有史以来最差的评价。这个曾制作过《白雪公主与七个小矮人》(1937年)、《幻想曲》(1940年)、《小鹿斑比》(1942年)、《仙履奇缘》(1950年)及《101条斑点狗》(1961年)的制片厂似乎丧失了它独有的魅力——令观众对角色遭遇产生关切，并有身临其境之感。自从1967年拍出经典卡通《森林王子》之后，片厂已有近20年未曾推出新片。《黑锅》不明智地结合了英国古代文学与《星球大战》(*Star Wars*)，结果成了迪士尼公司制造的第一颗炸弹。

“《黑锅》是有史以来最糟糕的电影。”迪士尼公司人物动画部负责人施赖德回忆。尽管全世界都忘了片中人物塔伦和他在另一个世界的朋友的冒险故事，施赖德却对此片记忆犹新，因为它的首映日正是他到片厂上班的前一天。“唯一的好处是我不会做得比《黑锅》更差。”他笑着说。

绝处重生

此后10年，迪士尼公司攀升到另一个高峰。它于1995年并购大都会美国广播公司（Capital Cities/ABC），成为全球最强大的娱乐企业，并开创了一个新的动画黄金时代。从 1989 年的《小美人鱼》开始，迪士尼公司制作出一系列创新、叫好又叫座的电影，包括《美女与野兽》（1991 年）、《阿拉丁》（1992 年）、《狮子王》（1994 年）及《玩具总动员》（1995 年）。这些电影为迪士尼公司赚得 50 亿美元以上的票房收入。

沃尔特创建的这座片厂再度为电影史写下新的纪录:《美女与野兽》是第一部获得奥斯卡金像奖最佳影片提名的卡通长片。受到疯狂追捧的《玩具总动员》则由乔布斯领导的皮克斯动画工厂（Pixar Animation Studios）为迪士尼公司制作，是第一部完全由计算机动画制作的电影。即使评价稍弱的《风中奇缘》（1995 年）和《钟楼怪人》（1996 年）也展现了迪士尼公司昔日的魔力。从 1989 年开始，迪士尼公司的人物动画部门重现早期辉煌，成为典型的伟大团队。除了重新实践沃尔特的理念外，近年来公司的领导阶层也采取一连串大胆行动，这两者的成功结合再次成就了迪士尼公司，令好莱坞及全球市场称羡不已。

不过在 20 世纪 80 年代中期，这个人物动画部门曾一团混乱，全公司也杂乱无章。联合创始人老罗伊之子小罗伊（Roy E. Disney，偶尔被沃尔特严词批评为“白痴侄儿”）成功排除了沃尔特女婿罗恩·米勒（Ron Miller）的掌控，并遏阻了擅长并吞企业的金融大鳄索尔·斯坦伯格（Saul Steinberg）染指公司。小罗伊的第一步是找来当时派拉蒙影业公司（Paramount Pictures）的负责人迈克尔·艾斯纳（Michael Eisner）担任迪士尼公司董事长兼总裁，并由弗兰克·韦尔斯（Frank Wells）担任总裁。两人以激进手段着手改革，并深入研究深陷泥沼的动画部门。当时有个办法是关闭这个部门。而它被保存下来的唯一理由是：小罗伊发挥了说服力，同时也靠迪士尼这个名字的影响力挽救了它。后来，小罗伊拥有该公司位于伯班克市内、充满奇趣的动画大楼内最好的办公室，恰巧位于大楼外蓝色圆锥帽（模仿《幻想曲》中米老鼠的帽子）的下方。这顶巨大的帽子也是这幢大楼的标志，更象征着迪士尼公司动画的神奇魔力，而谁都不如小罗伊更有资格拥有这间办公室。

如果说小罗伊避免了一场文化悲剧，其实并不为过。卡通长片是沃尔特的发明。沃尔特与一般美国企业家一样，把他的发明变为无数人之所需，并成为公司源源不绝的收入来源，在他 1966 年 12 月 15 日去世后，这个卡通事业仍持续不衰。卡通人物是这个国际大公司成功的主因，囊括了 40% 的收入。身为米老鼠的创造者，沃尔特知道：能捕获住普罗大众幻想的卡通人物，就像是一只金鹅。米老鼠不但吸引了数百万观众买票进戏院，在 1928 年，也就是创造出这只迷人小老鼠之后的几年，米老鼠手表及其他相关产品更产生了好几百万美元的进账。一如撰写沃尔特传记的伦纳德·莫斯利（Leonard Mosley）所说，沃尔特对其卡通人物的充分运用与开发，宛如农夫善用猪的每一部分。

物尽其用，全面丰收

从商业眼光来看，迪士尼公司动画的重要功能之一，是创造了一系列几乎绵延不辍、令人难忘的人物，从《白雪公主与七个小矮人》到《玩具总动员》里的哥俩好牛仔胡迪和机器战警巴斯光年，还有《钟楼怪人》里的谐趣人物维克多、雨果、娜芳。这些人物使全世界无数儿童渴望拥有狮子王便当盒与其他附属产品，成年人也都急欲给孩子们购买这些东西，迪士尼公司更加财源广进。

迪士尼公司几乎是唯一能够一面推广儿童产品，一面让成年消费者甘愿掏腰包的公司。哪一个成年人小时候没有领略过迪士尼公司的魔力?当《风中奇缘》推出时，你会看到过去以拥有灰姑娘手表为傲的祖母，替孙子购买了《风中奇缘》背包。迪士尼公司的主题乐园、电视频道、百老汇音乐剧、街头表演、零售店、出版社、交互式媒体部门、冰上曲棍球队等（迪士尼公司的分支机构绝对是一份冗长的名单），以及组合安排这些娱乐产品、发售、营销并使它获利丰硕的过程，都为“协同效应”这个词汇赋予了新意（真的有一个协同部门负责指挥一切）。

领导力箴言
ORGANIZING GENIUS
THE SECRET OF CREATIVE COLLABORATION

伟大团队中的天才并不容易被领导。领导者的角色通常是引导他们走正确的方向。

也许最了不起的现象是，身为主要消费群体的成年人在购买迪士尼产品时不像他们购买无敌超人玩具时那样，觉得自己受到了剥削，而是带着满足的笑容。原因当然是沃尔特从不只为儿童创作。在推出电影《101 条斑点狗》时，有位单独前往观影的观众被问到是否考虑带孩子来看时，他回答:“我带来了孩子，就是我。”今天的迪士尼公司更以前所未有的方式小心呵护这个不断扩大的成人市场。公司一定会为每部卡通新片制作一幅适合儿童的海报，呈现全体角色，仿佛大伙儿正在举办夏令营派对；另外也针对成年人做出宣传。它为成年人制作的海报不是集体欢乐的场面，而是带点忧郁、召唤的意味。约翰·阿尔文（John Arvin）设计的《美女与野兽》海报就是个好例子，海报上呈现野兽的孤独剪影，以渴慕的眼神凝视着一枝红玫瑰。

卡通神话：米老鼠

在其他人都认为不可行的时候，沃尔特相信卡通故事长片是可行的，于是开始与一群着了魔的天才们构思和组合出空前精彩，而且至今仍是最精彩的卡通人物。从一开始，卡通长片就是集体合作的成果，沃尔特有一个自私的怪癖，就是坚持自己是神，整座片厂的成就都要归功于他一人，而为他建造圣殿的人永远都是无名氏。①不过即使是米老鼠、迪士尼乐园等纯粹由沃尔特独创的构想，最后仍是集体合作的结果。1928年，沃尔特决定他的卡通新角色将是一只老鼠，而米老鼠在史上第一部有声卡通影片《蒸汽船威利号》（*Steamboat Willie*）中首度开口说话，它拙劣的尖细声音也是沃尔特的声音。不过所有绘画几乎都出自卡通画家乌伯·伊瓦克斯（UB Iwerks）之手，连沃尔特的妻子莉莉安也参与其中，劝他把这只引起大众狂热的啮齿类动物命名为“米奇”。

卡通片奇迹：《白雪公主与七个小矮人》

作家布里吉观察：“**集体合作是激发最佳创造力的秘诀。**”而最早在艺术上的集体合作或许可追溯到古代的洞穴涂鸦。即使某些我们以为是独行侠的天才画家，实际上却是绘画团队的领导人。历史学家华莱士指出，有13个人跟随米开朗基罗一起在西斯廷教堂工作，此外至少有200名助手在大师毫不放松的监督下，在佛罗伦萨的洛伦廷图书馆（Laurentian Library）工作。沃尔特组合他的伟大团队，制作出第一部卡通长片《白雪公主与七个小矮人》时，也是在这种庄严，但成员却不为众人所知的

① 一如作家尼尔·包德温（Neil Baldwin）在爱迪生的传记中写道，爱迪生享有“现代达芬奇”之名，因为他所做的事和达芬奇差不多，他们都雇用一群杰出人士或单独或集体完成发明，之后却由他一人独享荣耀。——译者注

传统下进行的。

对沃尔特和米开朗基罗来说，项目的规模使得集体合作势在必行。动画是劳动力最密集的艺术形式。在发明静电印刷和计算机来模拟真实动作之前，连一头母牛跃过月亮的简单连续动作，都必须绘制几千张图画。即使 8 分钟的单纯卡通短片都是一项浩大的工程，单独一个人绝不可能制作出任何复杂的卡通长片。《白雪公主与七个小矮人》最后片长长达 83 分钟，需要绘制 25 万幅动画，此外还需要上百名非画家工作人员（包括音乐家和特效专家）。

迪士尼公司拍摄《白雪公主与七个小矮人》的方式，正是伟大团队创造美妙与崭新事物的典范。它从一个愿景开始，而且最初只是沃尔特一人的构想，这类计划通常如此。为他作传的许多作家都告诉我们，沃尔特和他哥哥罗伊先是开始制作一些卡通短片，主角是米老鼠和它的朋友，之后两人到欧洲旅行。沃尔特在欧洲发现巴黎的电影院成功推出了由六七部米老鼠卡通所组合的节目，一部接着一部放映，但没有任何故事长片。沃尔特不满足于仅仅把短片串联在一起，想拍一部卡通故事长片、一部了不起的片子，他相信发行商一定会出高价购买。

卡通故事长片具有商业上必然成功的因素，但还不足以解释《白雪公主与七个小矮人》的成就。要体会迪士尼卡通与原始卡通影片在相比之下有多大的进步，不妨先看看划时代的作品《蒸汽船威利号》。这部同样由迪士尼公司拍摄的片子固然赏心悦目，却画得相当拙劣，动作突兀、声效简陋，完全是一种插科打诨式的杂耍。6 年后，也就是 1934 年，迪士尼公司的电影不但变长了，深度和内容也都大有长进。《白雪公主与七个小矮人》在技术上的成就也可谓空前。

伟大团队的领导者通常会以英王亨利五世发动阿金库尔战役（The battle of Agincourt）[①]前的演讲手法来提振士气。他们向下属士兵保证，虽然将面临一场敌众我寡的殊死战斗，但最后的战果值得人人为之奋战，那就是拯救——或改变世界。个人或许会战死沙场，但壮志却得以伸张。更重要的是，他们共同的奋斗将会使大伙儿变成水乳交融的兄弟。回报他们的不是财富或个人的名声，而是奋斗的荣耀，以及全世界对他们的永志难忘。

沃尔特在开始《白雪公主与七个小矮人》这个项目时，也发表了这样一篇演说来建立共识、同赴战场。他的首席动画家多年后还记得，沃尔特警告说，他们的创作有多么困难。这不仅是一部卡通长片，更是一种新形式，充满戏剧性，并且富有情感。他们必须做到其他动画家未曾达到的境界。有人记述：

> 他们画的不能只是杂耍和搞笑，还要在幻想中融入一些真实世界、真实人物的事情。沃尔特强调这不是一部单纯的卡通片，而是一出戏剧，人物必须在银幕上栩栩如生，远远超过以往。

起初大多数旁观者，包括他的哥哥兼合伙人罗伊，都认为这个计划是沃尔特愚蠢的行为。攻击他的人还包括对手米高梅（MGM）电影公司前 CEO 路易斯·梅耶（Louis Mayer），他同样觉得这个主意非常可笑。梅耶问：“谁会花钱去看画出来的神话公主？他们用同样价钱就可以看到

① 阿金库尔战役，发生于 1415 年 10 月 25 日，是英法百年战争中著名的以少胜多的战役。英军在亨利五世的率领下以 1 : 3 的人数劣势击溃法军，并且随后在 1419 年收服了整个诺曼底。——编者注

女星琼·克劳馥（Joan Crawford）[①]的表演了。”可是沃尔特并不气馁。

积极心理学之父马丁·塞利格曼（Martin E. P. Seligman）[②]证实，成功多半源自乐观，虽然乐观的幻想并不都会实现。但伟大团队面对障碍和挫折都不为所动，反而受到乐观幻想的鼓舞，自以为可以突破创新，为他人所不能。**伟大团队的领导者是“希望”的经营者，但不见得是“理性”的发言者。而领导者的信仰往往最坚定。**沃尔特从不怀疑自己拍不出《白雪公主与七个小矮人》。他的哲学虽简单却深具启发性：“只要你能想到，你就能做到。”他的动画家只要望着他的眼睛，就知道计划会成功。

领导力箴言
ORGANIZING GENIUS
THE SECRET OF CREATIVE COLLABORATION

伟大团队的领导者是“希望”的经营者，但不见得是“理性”的发言者。而领导者的信仰往往最坚定。

创造伟大团队最重要的第一步是“招募人才”。沃尔特希望片厂里全都是能绘出更流畅、更真实动画的一流画家。他征召了300名商业画家和建筑师，以及来自全美各地的新兴艺术家——这些人全都是男性；因为沃尔特认为男性画的动画最好，女性则擅长做一些较繁琐、薪水低的工作，也就是调色、上色之类。直到1942年，《小鹿斑比》的动画家雷塔·斯科特（Retta Scott）小姐的出现，总算破除了性别限制。

---

① 琼·克劳馥（1908—1977），1946年演出《欲海情魔》，获奥斯卡最佳女主角奖。——译者注

② 马丁·塞利格曼，美国心理协会（APA）主席，积极心理学之父。其经典著作“积极心理学之父塞利格曼幸福五部曲（套装共5册）”包括《持续的幸福》《真实的幸福》《活出最乐观的自己》《认识自己，接纳自己》《教出乐观的孩子》，已由湛庐文化策划，浙江人民出版社出版。——编者注

为画家提供用以改变世界的培训和工具，是促成迪士尼公司伟大团队的第二步。沃尔特开始培训新人以及原有下属，让他们成为艺术家，而不再是只画有趣人物的一流画匠。沃尔特把员工送去就读身价不凡的洛杉矶乔依纳德艺术学院（Chouinard Art Institute）夜间部，有时还亲自驾车接送。后来他在片厂也开办了艺术学校（临摹裸体模特儿的课程尤其受欢迎）。他请来的客座讲师包括著名的建筑大师弗兰克·劳埃德·赖特（Frank Lloyd Wright），介绍他们对动作、色彩心理学、幽默的独到研究，以及他认为画家所需的其他课程。

前瞻未来、未雨绸缪是伟大团队领导者的标志。沃尔特表示："这些课程很花钱，可是我必须让我的人对将来有所准备。"结果这些有才之士都成了技巧卓越的迪士尼动画家，也为片厂奠定了基础。1961 年，沃尔特捐出 4 000 万美元协助创设加州艺术学院（California Institute of the Arts）。一般人都知道这是"迪士尼创办的学校"，也是全球最重要的动画家训练学校，最好的学生必定会在毕业前就加入片厂。

迪士尼公司就像许多伟大团队一样，能够迅速接触新技术，加以更新。1928 年的《蒸汽船威利号》使用了一项新技术，让声音与影像同步。1932 年，迪士尼公司变成第一座使用天然色摄影法（Technicolor）发展的三段式着色处理技术片厂。当其他片厂还在新技术面前裹足不前时[①]，迪士尼公司立刻看出它在美学上的潜力，着手将一部当时最受欢迎的《糊涂交响曲》系列，制作成一部彩色短片。结果这部《花与树》在 1932 年赢得第一座奥斯卡最佳卡通短片奖。迪士尼公司明白色彩能够激发感情、强化逼真感，是改进艺术创作的最主要的利器。在等待《白雪公主与七

① 1935 年才推出了第一部以三色处理的真人动画影片《浮华世界》（*Becky Shaw*）。——译者注

个小矮人》完成期间，片厂又做了一次重大的技术突破，发展出多层式摄影机[①]。这台摄影机的价格高达 7 万美元，高逾 4 米。它和一般动画摄影机一样，能够一次拍下一大沓绘画，还可以进一步将背景、角色和其他元素放在不同层次，产生前所未有的逼真效果。

沃尔特就是公司

迪士尼公司的规矩是，沃尔特就是公司，而制作迪士尼卡通短片的其他人很难享用到个人荣耀。1941 年一次严重的片厂罢工后，到 1957 年，沃尔特才对当时的记者，即后来成为沃尔特授权传记作者的鲍勃·托马斯（Bob Thomas）解释：

> 这些年来，我一直为卡通影片和这些动画人物接受所有的掌声。这么做是想让迪士尼成为一种品牌象征，使世人相信这是一项优良的家庭娱乐。

尽管迪士尼电影经常引起“谁是功臣”的讨论，但是大家都同意《白雪公主与七个小矮人》最初是在沃尔特心中以一格一格画面构成的。没有人怀疑沃尔特对这部电影的构想。1934 年某天傍晚，他将画家们集合在一座空荡荡的舞台前，就着一枚灯泡，把整个故事演出一遍。大伙坐在折叠椅中看见及听到全部剧情：

> 白雪公主如何与七个小矮人首度见面；每个小矮人各有什么样的弱点；美丽又狡猾的皇后如何变为干瘪的巫婆；那个可怕的毒苹果；还有最后把昏睡中女主角唤醒的一吻。

① 多层式摄影机（multiplane），以垂直方式拍摄造成立体感，多用于拍立体卡通长片。——译者注

在这次表演中，沃尔特显然变成了朗·钱尼（Lon Chaney）[1]，把所有的戏剧效果都表演了出来。恶毒皇后是他十恶不赦的诸多女性角色中的第一位，他把她表演得坏到骨子里。当他表演到巫婆拿毒苹果给白雪公主时，他将上衣拉起来盖住头部，有如巫婆的斗篷，逼近天真无邪的受害者，那个诱人的苹果似乎真的就在他手中。当扮演成白雪公主的沃尔特被王子吻醒时，据说有几位动画家当场流下泪来。

沃尔特的演出可不是宴会杂耍，而是一幕活剧本，使画家们一次又一次竭力去完成。直到 20 世纪 80 年代末期，迪士尼公司的卡通人物才真正试镜，以前都是直接画下来就制作了。后来沃尔特在某部电影拍到一半，试图向美国银行（Bank of America）贷款 50 万美元时，又演出了一场这样的单人秀，让该行主管约瑟夫·罗森堡（Joseph Rosenberg）把钱借给了他。按照作家莫斯利的说法，罗森堡表示：

> 很可惜我们在银幕上看不到沃尔特表演。我觉得这是莉莲·吉什（Lillian Gish）[2]在《赖婚》（*Way Down East*）演出以来最棒的表演。

美国人不喜欢邀功，这样做违反了他们对公平游戏的定义。因此沃尔特在多少有些被迫的情况下，为自己在公司里到底做了些什么，提出了一套令人满意的解释。以下这则片厂津津乐道的迪士尼公司写实版《小蜜蜂的故事》，就刊登在《国家地理》杂志 1963 年 8 月号的《沃尔特·迪

---

① 朗·钱尼（1883—1930），一位默片时代的美国演员。他被认为是早期电影史上最多能、最权威的演员之一。最著名的作品是无声恐怖片《钟楼怪人》和《歌剧魅影》。——译者注

② 莉莲·吉什（1893—1993），公认的“默片时代第一位女明星”，擅演悲苦角色。——译者注

士尼的奇幻世界》(*The Magic Worlds of Walt Disney*)一文中:

> 你知道,有一天一个男孩问我:“你画米老鼠吗?”我说没有。“那么你是不是负责构想所有的笑话和点子呢?”我说:“没有。我不做这些。”最后他望着我说:“迪士尼先生,你到底做什么啊?”这可真把我难倒了。
>
> “呃,”我说,“有时我把自己当作一只小蜜蜂,从片厂一角飞到另一角,收集花粉,给每个人打打气。”我猜这就是我的工作。我当然不认为自己是生意人,也绝不相信自己的价值远超过画家。

当沃尔特在1939年以《白雪公主与七个小矮人》获得奥斯卡特别奖(以一尊大金人和七尊小金人为象征)时,他没有感谢在这部电影背后付出心血的所有750位艺术家。

假如真人电影是最需要集体合作的活动之一,那么卡通影片恐怕是有过之而无不及。大部分人(除了沃尔特以外)都无法说出哪一个人曾参与过《白雪公主与七个小矮人》的制作工作,但这部电影确实需要好几百名艺术家的戮力付出。举例来说,电影中最受欢迎的歌曲《干活儿吹口哨》(*Whistle While You Work*),就是由弗兰克·丘吉尔(Frank Churchill)所作的曲子,他还写了《谁怕大坏狼》(*Who's Afraid of the Big Bad Wolf*)。白雪公主青春优雅的姿态,是参考当时18岁的天才舞者玛吉·钱皮恩(Marge Champion)的真人表演,再绘制而成。迪士尼公司一直用真人演员和舞者,让他们穿上道具服,再把表演过程拍摄下来,为动画家提供灵感。沃尔特把真的侏儒请到片厂,让谢默斯·卡尔亨(Shamus Culhane)等画家了解七个小矮人中的万事通与他的同伴在钻石矿区工作一整天下来,如何挪动身体齐步走回家。

迪士尼公司的工作团队所创作和开发的点子比任何个人都要多，而沃尔特最重要的工作就是剔除坏点子，把计划拉回正轨。有一个例子倒是值得玩味："傻瓜"——很可能是片中真正的明星，本来被设计成一个老头，与其他小矮人一样蓄着胡子。可是沃尔特认为胖嘟嘟的年轻"傻瓜"，将会更有吸引力。于是他被重新塑造成未成年的男孩，把眼睛放大，配上平板光滑的五官——现今的心理学家都知道许多这种长相的动物以及人类，最易引起成年人的恻隐与保护之心。另外，他的眼睛也被改为婴儿蓝①。《白雪公主与七个小矮人》中另一个更重要的变动是，沃尔特推翻了为七个小矮人取的难听的名字——假如白雪公主在一幢中欧古堡里和一群名叫俏皮、小气鬼、悲哀、秃头、打嗝、万事通的人在一起大闹，将会是什么惨状。

领导力箴言 ORGANIZING GENIUS THE SECRET OF CREATIVE COLLABORATION

军事化的领导方式强调"命令"与"控制"，压抑创造力，而伟大团队需要能"鼓舞"和"赋能"的领导者。

一如本书所介绍的许多项目，《白雪公主与七个小矮人》的制作还有时间限制。它不仅需要好几百人协力，而且要越快越好。主要动画家阿特·巴比特（Art Babbitt）带着一批人负责绘制邪恶的美丽皇后，诺姆·弗格森（Norm Ferguson）则率领一个团队绘制巫婆，任何艺术家都不易作出像他们这样的成果。他们的绘画能挑起真正的情感，不仅仅是逗笑。他们紧扣观众心弦，能让他们吓破胆（回想你小时候单独坐在漆黑的剧场里，初次看见皇后进入阴暗的寝宫，开始施展魔法时，有什么感觉）。

① 50年后的迪士尼公司给《美女与野兽》中的野兽一双保罗·纽曼（Paul New-man）式的蓝眼睛，以近乎下意识的微妙方式，暗示这个野兽内心潜藏着美妙的内涵。——译者注

此外，还有许多艺术家分别完成他们的任务：特效人员发明了一种新材质画笔，使得坏皇后的长袍看起来感觉像是天鹅绒；音效人员在水中唱歌，制造出七个小矮人晚饭前梳洗所发出的咕噜声。

天才守护者罗伊

将工作归功于沃尔特，而且只归于沃尔特，意味着其他人都得隐身幕后，连他哥哥罗伊也不例外。在对沃尔特持崇敬态度的研究中，罗伊通常是个务实主义者，是劝阻沃尔特做梦的人，从白雪公主到迪士尼乐园，他都加以劝阻。近年出版的这些作品显示，罗伊的主要行动就是说“不”。但其实，罗伊对于沃尔特，就像“曼哈顿计划”中，格罗夫斯将军对奥本海默一样。罗伊是守护者，让天才发挥所长。他从一开始就在公司扮演重要角色，不但让沃尔特自由发挥创意，还以高超的技巧经营迪士尼公司。罗伊负责商定重要的经营生意，让它成功介入新兴电视媒体，同时很有远见地与百货公司及其他零售业建立关系，让迪士尼公司的商品呈现在大众面前。举例来说，罗伊支持20世纪30年代在全美成立米老鼠俱乐部，结果到了1932年巅峰期时，竟有100多万名儿童申请加入，此项工作增长了剧场观众人数，促进了米老鼠商品的热销。不论是好是坏，迪士尼公司的新片成为孩子庆生或圣诞节的主要活动。因此，无论是赞誉还是诋毁，罗伊应得的都与沃尔特一样多。

有时候罗伊的确做了这些传记所描述的事。他说“不”，至少会说：“够了。”麦金托什计算机等伟大团队都知道，在某个时间点，你必须交付产品。这个过程可能是令人兴奋的，也许希望它永不结束，但最后你不是交出成绩单就是宣告失败。1937年12月的某一天，当《白雪公主与七个小矮人》的首映日渐渐逼近时，沃尔特看到王子俯身注视白雪公主的玻璃棺时，身影在剧烈抖动。鲍勃·托马斯在《迪士尼的动画艺术》（*Disney's Art of Animation*）一书中叙述，沃尔特对罗伊说他要重拍这一段，可是该片的成本正在迅速逼近当时令人咋舌的150万美元，罗伊因此坚决不同意。“让王子去抖动。”他宣布。

这个至今依旧明显的缺憾，丝毫未削弱票房。电影于1937年12月21日首映，成为1938年最伟大的电影，票房收入达800万美元，完全不需要女星琼·克劳馥露出酥胸。它的纪录直到1939年和1940年《乱世佳人》推出后才被打破。看电影的人深爱《白雪公主与七个小矮人》，影评人也爱它。影评人韦斯特布鲁克·佩格勒（Westbrook Pegler）宣称它是电影史上最伟大的电影。

迪士尼轶闻：宽松与严谨

1940年12月号的《大西洋月刊》上有一篇文章描述迪士尼公司，同时也对巅峰状态下的沃尔特和他的伟大团队做了最有意义的侧写。这篇文章叫作《工作中的天才：沃尔特·迪士尼》（*Genius at Work: Walt Disney*），作者是保罗·霍利斯特（Paul Hollister）。虽然文章的大部分内容都侧重于沃尔特且近乎谄媚，不过也生动描述了片厂集体合作的过程。

霍利斯特将制作迪士尼公司出品的电影那非凡的复杂过程写得活灵活现。这位作家参观了当时新建的伯班克片厂，而他所谓的“迪士尼军团”正在拍摄《幻想曲》——迪士尼公司最具野心的一部电影。

从1935年到1940年，片厂员工由200人陡增至1 100人（大约是现今卡通长片所需的总人数)。霍利斯特看到的工作人员多半为年轻男性,年龄二十六七岁。他们来自世界各地,心中只有一个标准,成为这一行的佼佼者,这也是伟大团队的特质。他写道:

> 沃尔特·迪士尼搜罗的是专业人才中的尖子。他随时会去挖毕加索、伍德[①]和昂格[②]。

霍利斯特发现迪士尼公司的员工士气高昂,喜欢开玩笑。不过霍利斯特很有道德,并未将这些玩笑公诸于世。例如,在它辉煌的早期,片厂内饮酒风气很盛,在走廊玩足球和棒球也司空见惯。有一次大伙因为兴致太高而闹到失控,此事至今仍是丑闻一桩。为了酬谢部属拼命如期拍完《白雪公主与七个小矮人》,沃尔特邀请所有人到棕榈泉附近一家昂贵的旅馆度周末。香槟畅饮不辍,有人赤裸裸地就跳进泳池,而画出七个小矮人的一群男士,不久便开始与负责上色的年轻女性胡搅。清心寡欲的米老鼠创造者当场吓白了脸,挽起迪士尼夫人便忿忿离开了这个"荒淫宴会"。不过,以疯狂方式纾解压力是伟大团队的典型作风,硅谷至今仍然延续着打水仗的传统和其他恶作剧。

领导力箴言
ORGANIZING GENIUS
THE SECRET OF CREATIVE COLLABORATION

每个伟大团队都要借助敌人来定义自身。

根据霍利斯特的说法,拍摄《幻想曲》时期的650位艺术家个个皆是专家。每个人都可以追求他的理想,沃尔特只要最优秀的表现。霍利

① 格兰特·伍德(Grant Wood, 1892—1942),美国画家,地方色彩画家的代表人物。——译者注
② 昂格(Ung),挪威艺术家。——译者注

斯特以一位伟大动画家埃米尔（Emil）为例，霍利斯特写道：

> 事实上这个人鸭子画得好极了，可是埃米尔说他喜欢“把玩重要的角色”，因此创造出斯特罗姆博利（Stromboli）和巨人（The Giant）的是埃米尔；幻想曲中使人吓破胆的恶魔也是埃米尔所创。该片有鸭子也有老鼠，可是再大的鸭子和老鼠都不符合埃米尔对角色的感受。

霍利斯特正确指出了沃尔特最重要的领导技巧：**找到一个杰出的人，让他充分施展才华。**这也许是所有伟大团队管理者的主要特长。霍利斯特写道：

> 找出每一位艺术家最突出的优点、最想运用的特长，并加以运用。有人喜欢美女，可以迅速画出一大堆，也可以把画好的一堆丢掉；另一个人却觉得这很愚蠢。一位擅长画扭曲面部表情的画家抱怨：他们总是要我负责表现内心的挣扎。

虽然迪士尼公司的每个人在工作时似乎都吹着口哨，做起事来却有如拼命三郎。家属和子女经常遭冷落，连沃尔特自己的家人也不例外。霍利斯特指出，专业精神是迪士尼公司员工的标志，连最微小的事物也要绝对完美。他提到创造兔宝宝的 43 幅不同素描，“那是一个最无关紧要的角色。”只不过是白雪公主中一个附加的卡通角色罢了。

不论工作是什么，迪士尼公司的员工总是带着使命般的热忱去进行。霍利斯特描述了片厂音效人员自我鞭策的特质——与同事亲如手足，大家共同追求单一目标：

> 你看到一群音效人员结为一个秘密组织，他们制造雷声，

> 不仅仅是麦克风前的雷声，而是有个性的雷声。他们会用一整个下午录制一声最恰当的“你好”，而不告诉你音效是如何做出来的——就像美洲豹一样小气。他们会花好几百块钱制造一个一米长的金属电风扇，让歌者对着玻璃灯罩唱歌，再把声音传进电扇，结果录出一丝带有愤怒震动的歌声。

我们知道沃尔特如何描述他在片厂的角色：一只忙碌的蜜蜂。而霍利斯特则认为，迪士尼公司的分工非常完美。一群富有才华的工作人员把工作做得很好，沃尔特则明智地评估成果。例如，沃尔特的音乐指导是个奇才，耳朵能精确分辨错误，即便是录制一只湿漉漉的西班牙小猎犬踏上一条昂贵的欧布松轻地毯，他都听得出错来。沃尔特的工作属于监督性质，负责认可一流的工作成绩。一如霍利斯特所言：“沃尔特没有受过音乐训练，也不会欣赏音乐。”沃尔特显现了伟大团队领导者的一项特质。**他不会事必躬亲，不在他们与问题搏斗之际半路打岔，而是在下属专家解决了大部分问题后才介入**。这种做法相当有意义。因为这样一来，领导者才有多余时间做他最擅长的事：**激发灵感、沟通、选择，也可以使员工产生自主感，而这正是才华洋溢之人发挥专长时最需要的**。沃尔特喜欢对员工说：“不要来找我要答案，我只要你们征求我的同意。”

创造奇迹

早期参与迪士尼公司拍摄过几部伟大电影的大部分人，都觉得那是一段收获丰硕的日子。沃尔特本人后来表示：

> 《韦氏字典》把“冒险”这个名词定义为：“风险；危难；遭遇危险的事物；一项勇敢的伟大事业；一种大胆的承担，其

结果取决于未知事件。”这正好将《白雪公主与七个小矮人》的精神做了总结。

迪士尼军团具有一股令人眩晕的感觉，他们自认在发明未来。这对一些伟大团队来说都是实情，而伯班克片厂的气氛更是充满了电流。

参与其事的人一再表示沃尔特是实现奇迹的大师。“他有本事让人发挥原来没有的潜力。”动画家弗兰克·托马斯（Frank Thomas）在伦纳德·马丁（Leonard Maltin）介绍美国动画史的《老鼠与魔法》（*Of Mice and Magic*）一书中提到。目前担任加州艺术学院实验动画负责人的朱尔斯·恩格尔（Jules Engel），曾参与《幻想曲》和《小鹿斑比》两部影片的摄制。在他记忆中，沃尔特是个真正的艺术家，需要其他人来表达他的概念。但就算沃尔特需要员工，一如艺术家需要颜料和石头，他也从不放弃创意指导的角色。沃尔特对艺术创作的每一步都严密控制。恩格尔说：

> 在沃尔特说“可以开始下一步”以前，什么都不能动。他完全信任自己的直觉。你永远不能把你的点子卖给沃尔特·迪士尼。当他走进一个房间，他看到的不是喜欢就是不喜欢。假如他不喜欢，你就得重新开始。

沃尔特具有改进员工业绩的天赋，这是片厂离职员工的说法。即使是最有天分的员工也会接受他的建议，不只因为他是老板，而是因为“他的建议总是对的。”恩格尔说。

沃尔特有一项重要的领导才能，就是让员工的希望维持在最高峰。在凯瑟琳·格林和理查德·格林（Katherine and Richard Greene）所著的

《魔法背后》(*The man behind the Magic*) 这本迪士尼公司的传记中，一位迪士尼公司的动画家回忆："**迪士尼只有一个规矩：我们做得是否比别人更好。**"而在马丁的《老鼠与魔法》中，动画前辈卡尔亨回忆在那种场所工作的美妙感觉："你可以忙上一整天，整整8个小时。而在一天结束后，看着自己的成绩，把它们全扔进垃圾桶，却没有一丝罪过。没人会问你为什么那样做；不那样做他们反而会问。"至于片厂的工作环境，据卡尔亨观察："那是一个很艰苦的工作场所，不过艰苦中却有一切优势。"时间的压力也十分可怕，沃尔特说不定会当着同事的面斥责你，可是你拥有一切设备，多昂贵的都有，反正就是得把工作做好。比方说，迪士尼公司的每一个动画家都有一台摩维拉剪接机 (Moviola)，可以看片和剪辑。

忠诚与离去

离开迪士尼公司的画家少之又少，主要原因是在当初经济大萧条期的工作太少，后来则是因为迪士尼公司的地位超凡，而且又是唯一拍摄卡通长片的片厂。不过许多人留下来都是因为他们对沃尔特的尊敬与崇拜。莫斯利的传记中提到为迪士尼公司制作《长毛狗》及其他真人电影的比尔·沃尔什 (Bill Walsh)。当他太太娜丽发现才华横溢的丈夫永远不想单独发展事业时，真是十分沮丧：

> 沃尔特显然对他有很大的影响，他对片厂内所有具有天分的人都一样。才华出众的画家彼得·埃伦肖 (Peter Ellenshaw) 是沃尔什的好朋友，也有类似情况。我相信如果有人出价600万美元要他们离开，他们也不会。沃尔特具有一种领导者的魅力，能让最有才华的人把一生都奉献给他。

在《黑锅》惨败之际，迪士尼公司动画部似乎失去了方向。当时沃尔特已去世 20 多年，而在他去世前近 10 年，他都一直专注于迪士尼乐园及其他计划的经营。片厂最杰出的动画家相继离去，较年轻的画家似乎在找寻不属于迪士尼公司的新方向来激发灵感，例如卢卡斯的《星球大战》。1979 年，崭露头角的唐·布鲁斯（Don Bluth）离开公司，同时带走一批能干的员工自设片厂，使迪士尼公司的士气受到重创。加州艺术学院的毕业生约翰·拉赛特（John Lasseter）也很有天分，他于 1979 年投效迪士尼公司，但在 1983 年转而投效于卢卡斯电影公司的计算机动画部门。此后 10 年，迪士尼公司一再试图把拉赛特挖回来，答应让他当导演，这是很少人能拒绝的条件。但拉赛特拒绝了，因为迪士尼公司已不再是伟大团队，不再能使世界改变。据同事表示，拉赛特曾说过："我可以去迪士尼当导演，也可以留在这里创造历史。"

重整迪士尼

当艾斯纳领军的新组合决定开始挽救动画部门时，他们做了几项重大的重整决定：动画部门每年要拍一部长片（这是沃尔特的梦想，却始终未曾实现）；整个部门不要同时拍一部电影，而是划分为数个计划团队，同时拍好几部。

这个决定非常精明。迪士尼公司其实并没有竞争对手，所以如何在伟大团队中激发出一种反败为胜的情绪至关重要。按照施赖德的说法，员工今天的竞争对手是迪士尼公司的辉煌过去，也就是《小鹿斑比》与其他经典卡通。他们将部门分割成若干团队，立刻产生了内部的竞争。

为了将动画部门带回正轨，新的领导者首先回顾过去，**发现公司**

最大的资产始终是沃尔特。沃尔特有点像是达夫妮·莫里哀（Daphne du Maurier）所著《蝴蝶梦》中死去的第一任妻子，是一股依旧必须被承认的势力。在现任领导者振奋全员士气之际，连片厂都以其为名的这位领导者往往被抬出来。迪士尼的名字在片厂显然如同某种速写，一种复杂形式的沟通——包括沃尔特所树立的里程碑，以及这位创始者对卓越的坚持。沃尔特的后继者似乎赋予了他一种主观精神。例如施赖德就经常对下属描述迪士尼遗留下来的精髓：讲述一个精彩的故事，用精彩的角色来诠释，而且一定要克服技术上的一切障碍。

伟大团队中的天才并不容易被领导。领导者的角色通常是引导他们走正确的方向。如今的迪士尼公司，管理者的角色是帮助他人。施赖德在描述自己与起死回生的动画部门时口气像极了沃尔特：

> 我最多是个编辑、一个促成事情的人、一块回音板。我最重要的工作之一是告诉人们："这个行不通。"我在管理方面最大的挑战是"分配资源"，把适当的人分派到适当的工作岗位上去。

施赖德就像过去的沃尔特一样，并不亲自去完成《狮子王》这样必须力求完美的庞大任务。他的说法是："我试着引导所有人，让他们去做他们认为正确的事情。"

沃尔特在60年前创建的拍片工厂，在今天依旧兵强马壮，与当年一样负责许多重大的任务。最关键的是这座片厂一直吸引着出色的动画家。迪士尼公司创造了卡通长片，而今这座片厂是吸引天才的大本营，其中有许多人梦想一辈子都为迪士尼公司工作。

对迪士尼公司的新任画家安德烈亚斯·德贾（Andreas Deja）而言，

这绝对是真的。德贾创造了《阿拉丁》中的恶棍贾方，以及《狮子王》中的刀疤。他同时创造了迪士尼公司1997年夏季新片《大力士》中的英雄。德贾和父母是从祖国波兰的格但斯克市（Gdansk）来到联邦德国的。他还记得小时候在联邦德国观赏《沃尔特·迪士尼的奇妙世界》。“他们会让我看《木偶奇遇记》或《小鹿斑比》的片段。”他在托马斯所写的《迪士尼的动画艺术》一书中描述：“那真是迷人，我心跳如擂鼓。而我当时才四五岁。”

德贾在20世纪60年代晚期，看了第一部迪士尼公司的卡通长片《森林王子》之后，10岁的他知道自己找到了一生想要从事的职业。后来他在《纽约时报》的人物特写中表示：

> 这对我来说就像是一种召唤，好像传教士知道他会成为神职人员。你被催了眠，觉得奇怪。“怎么可能画出这样的东西？他们居然会想、会动。”我不敢相信。

德贾为了他的毕生事业做准备，12岁时写了封信到美国沃尔特·迪士尼片厂，询问如何成为迪士尼动画家（必须查阅德英字典，才写得出这封信）。他收到了一封制式回函，劝他多加强画动物和画人的技巧，不要抄袭米老鼠和其他迪士尼公司的卡通人物。

德贾花费多年磨炼出迪士尼风格之后，才进入片厂。如果照施赖德的说法，资源分配是他最要紧的工作，那么片厂最初给德贾的差事，倒是颇值得玩味。德贾成为新生代动画家，而且很有潜力成为明日之星（如果迪士尼公司有明星的话）。他与另一位新人蒂姆·伯顿（Tim Burton）分配到一组。伯顿刚从加州艺术学院毕业，两人被指派负责设计和研究

《黑锅》中的角色。德贾回忆道：

> 伯顿的设计非常奇特、怪异，而我的则是不折不扣的迪士尼风格，因此他们想："哈，把这两个人凑在一起，说不定会设计出一些特别的玩意儿。"结果并不成功。伯顿的画是不大可能被改动的，它们本身就已经很棒了。

伯顿为片厂拍摄了两部短片：《弗兰肯威尼》（*Frankenweenie*）和《文森特》（*Vincent*），之后便离开迪士尼公司，成为《阴间大法师》（*Beetlejuice*）和《蝙蝠侠》等卖座电影的导演。而德贾则成为迪士尼公司技艺超群的动画家。他将工作视为游戏，家中画室内有一块迪士尼公司动画前辈、传奇人物米尔顿·卡尔（Milton Kahl）的画板。据《纽约时报》描述，他偶尔会把素描留在这块画板上过夜，"说不定卡尔的灵魂会忍不住跑来帮忙解决问题"。

领导力箴言
ORGANIZING GENIUS
THE SECRET OF CREATIVE COLLABORATION

> 杰出表现能带来纯粹的狂喜；天才希望有所表现，也需要有所表现。

至于伯顿为何会自行发展，而同样天分过人的德贾却选择留在片厂（已故的创始人永远都比他有名），也许是"性格"所致。分辨这类差异，是在组合伟大团队时非常重要的一环。**不是每一个天才都可以参与集体合作；有些人必须在成就受到相当肯定时，才肯加入团队，有些天才则具破坏作用。**施赖德把那种扰乱团队的人称为："不能在沙池里跟他人好好玩儿的人。"

伟大团队之所以存在，是因为能够聚集像德贾这样的有才之士为共同目标而奋斗。有了德贾或基恩[1]，完成任务必然会有完美的表现。施赖德指出："除非艺术家强烈认可东西是完美的，否则就不会交出作品。"迪士尼公司的画家具有共同理想，并不代表他（通常是男性）不会将自己的作品塑造到完美境界。迪士尼公司雇用这些人并不全是让他们作画，而是为角色注入个性。毕竟迪士尼公司的动画家才是演员，懂得如何从表象反映出情感的真实面。因此当德贾创造《阿拉丁》电影中的邪恶大臣贾方时，他发现让贾方尽量少动，就可以使他显得更凶恶。在原先的构思中，贾方有点像是易怒的虎克船长，动不动就暴跳如雷，但最后的结果是，贾方变为一个静止、冷漠、令人毛骨悚然的人物。"阿拉丁里的其他角色都非常活跃，所以我决定让这家伙凡事都从远处冷眼旁观，等于在那些活跃人物身上投下一片乌云。"德贾说。他的灵感同时来自一位离职主管。"他说谎时的高雅，那种圆滑、滑溜，我都把它融入到贾方这个角色中。"德贾对《纽约时报》说，"你必须找出一种方式来表达自我，否则就只是在做机械化的工作。"

关键选择

按照施赖德的说法，迪士尼公司动画部门主管最主要的工作就是从许多具有代表性的点子中，选出一个最棒的。因此沃尔特否决了由迪安娜·德宾（Deanna Durbin）为白雪公主配音的提议，因为他觉得她的声音太过成熟圆润，所以改选了声音甜美尖细、籍籍无名的阿德里安娜·卡塞洛蒂（Adriana Caselotti）。当时，他让几百个试音者通过管子将声音传进办公室，以免这些女人的外貌使他分心。**伟大团队的领导者必须能说"不"，或是说"换个方式做"**，因为施赖德说："大家一致同意这件

① 格伦·基恩（Glen Keane），创造了《美女与野兽》中的野兽。——译者注

事必须做对。”

获得授权撰写《迪士尼的阿拉丁：一部动画的摄制》（*Disney's Aladdin: The Making of an Animated Film*）的约翰·卡尔亨（John Culhane）提到，卡曾伯格（Katzenberg）将《阿拉丁》的构想做了重大转变。动画总监纪恩原本将阿拉丁画得像是孩子气的影星迈克尔·福克斯（Michael J.Fox），但卡曾伯格觉得像茉莉公主这样美丽成熟的女人，是不会对一个男孩感兴趣的，于是便建议纪恩以影星汤姆·克鲁斯（Tom Cruise）为蓝本，改变阿拉丁。于是纪恩画出一个年龄较大、较性感的阿拉丁，带有汤姆·克鲁斯的放荡魅力和一对会说话的浓眉。（这点令人不禁猜想，如果片厂预先知道卡曾伯格在1994年变节，卡尔亨还会不会在1992年时这样大力赞扬他呢？）

盛名之下的幕后英雄

虽然荣耀的光环大都集中于片厂高层，不过从《小美人鱼》之后推出的新经典，仍旧是集体合作的成果。阿拉丁中东式的活泼造型，灵感取自阿尔·赫希菲尔德（Al Hirschfeld）所拍摄的卡通影片以及阿拉伯书法，还有从公元1 000年到1 500年间的波斯迷你绘画，再加上亚历山大·科达（Alexander Korda）于1940年拍摄的电影《巴格达之贼》（*The Thief of Baghdad*），以及该片设计总监拉苏尔·阿扎丹尼（Rasoul Azadani）在伊朗的伊斯法罕省（Esfahan）所拍摄的1 800张照片（阿扎丹尼也是当地人）。一如《小美人鱼》和《美女与野兽》的配乐，霍华德·阿什曼（Howard Ashman）及艾伦·门肯（Alan Menken）所写的歌曲对电影助益极大（阿什曼在电影拍完前死于艾滋病，由蒂姆·赖斯（Tim Rice）代替，将门肯的乐曲配上歌词）。

另一个在银幕上没有留名的幕后功臣则是喜剧演员罗宾·威廉斯（Robin Williams）在《飞天法宝》（*Flubber*）一片中，与会变形的精灵所做的疯狂对话，包括劝阿拉丁“清醒过来闻闻人的气味”，大半都是他的即兴演出。

技术创造神奇

迪士尼公司的电影一向都靠新技术来制造奇幻效果。《阿拉丁》卡通片中最了不起的角色是那块魔毯——这块性格鲜明的波斯地毯，是迪士尼公司第一个完全以计算机动画做出来的角色。发明计算机以前，若是以传统方式拍摄，由于魔毯花色太过复杂，要做出卡通效果将非常昂贵。计算机可以让魔毯移动，但是要让我们相信“几近真实的不可能”，就必须用传统手法，将想象与动画家的专业能力结合在一起。在卡尔亨的《迪士尼的阿拉丁》一书中，兰迪·卡特赖特（Randy Cartwright）解释：“魔毯既没有脸、没有声音，又没有身体。这简直是用折纸在表演。”卡特赖特汇集了片厂数十年来在颜色、动作及其他技术上所累积的智慧，建议让无生命的东西显出生命，让大众喜欢。卡特赖特的解决之道是为魔毯添加穗子，偶尔会像手脚般挂在魔毯四角，如此一来就能让人感受到头部可能在哪里，可以有表情与感情了。借助角色间的互动，魔毯同时也有了生命，例如，当精灵要求说“给我一点穗子”时，魔毯就友善地拍它一下。

迪士尼公司喜欢运用新技术，所以完全数字化的电影《玩具总动员》便是不可避免的结果。事实上，它也代表片厂真正脱离了过去。由于10年前有过几次与公司以外动画家合作失败的不幸记录，迪士尼公司坚持对卡通长片保留完整控制权。但是迪士尼公司出于对画家拉赛特的信任，才与皮克斯动画工厂进行合作，这座位于旧金山湾区的片厂是从卢卡斯电影动画团队演变而来的。根据《连线》杂志（*Wired*）及其他媒体的报道，很显然，由拉赛特领军拍摄《玩具总动员》的团队，具备了许多伟大团队的标准特点。其中包括《连线》杂志所形容的“嘈杂如同一群未成年人”。比方说，在 1983 年离开迪士尼公司投效于皮克斯动画工厂的导演拉赛特，用的就不是一般的导演椅，而是一张轮椅，上面装了一只会发出“呜啊”声的喇叭。①

薪酬与工作，谁是真正的激励

多年来，迪士尼公司一直以薪水微薄而恶名在外，再加上公司旗下的天才无论多么杰出都必须隐姓埋名，两者的结合看起来必然会导致灾难。但迪士尼公司一向能留住它最重要的动画家与其他主要员工，在爱尔兰另立门户，制作了《美国鼠谭》（An American Tail）等卡通长片的布鲁斯则是少数例外。

迪士尼公司过去之所以能够成功留住员工，多半是由于这些人没有其他选择。直到最近，这点还可说是所向无敌。施赖德指出，迪士尼公司是项独门生意（因为卡通长片一向需要三年时间制作，至今才有改变）。迪士尼公司的霸权开始受到 SKG 梦工厂②的威胁。动画的文艺复兴正在酝酿中，好几家主要电影公司都成立了动画部门。都柏林片厂已经关闭，

① 皮克斯现任老板，前麦金托什团队负责人乔布斯，与迪士尼公司谈成了这桩破纪录的交易。乔布斯是《玩具总动员》的执行制作，电影推出后几天得到热烈回响，皮克斯公开的上市股票也开始猛涨，顿时让乔布斯成了亿万富翁。——译者注

② SKG 梦工厂（Dream Works SKG），这个公司由史蒂文·斯皮尔伯格（Steven Spielberg）、戴维·格芬（David Geffen），以及迪士尼公司前主管卡曾伯格在 1994 年成立。——译者注

布鲁斯则出任了福克斯公司亚利桑那州凤凰城新成立的动画部门负责人。

而在迪士尼公司，鉴于初期几名员工投效于梦工厂，画家的薪水便在一夕间提高了一倍。就在卡曾伯格欢天喜地地拐走迪士尼公司的领衔动画家时，迪士尼公司也在设法留人。这批正值中年的画家，不论是否属于伟大团队，都在做所谓“灵魂的省思”。按照施赖德的看法，当团队目标与个人目标水乳交融时，团队就会有最好的工作成效。现年 40 多岁的首席动画家纪恩，早就想试试大门之外的工作。在争取纪恩的竞赛中，迪士尼公司做了一个最成功的决定，大幅提高他的薪水，同时提出几个巧妙的吸引手段，在股东年度大会中介绍纪恩，认可他杰出的贡献，并且给他罕见的带薪长假。

除了《华尔街日报》以头版报道动画长片的波涛汹涌外，大部分在这一行的人依旧在迪士尼公司旗下默默无闻地工作。你能说出史上最成功的电影之一《狮子王》的导演吗？你知道《风中奇缘》是谁画的吗？[①] 为何天才愿意屈就于团队之下，奉献他们的惊人成就而又隐姓埋名？当然不是为了钱，也不是为了红利和其他诱人福利。

在迪士尼公司工作的人认为他们属于一个真正重要的地方，并从事一件疯狂而伟大的事。如同发明个人计算机、将克林顿总统送进白宫一样，他们认为自己在迪士尼公司工作是因为他们在执行一个上帝交付的任务。霍利斯特曾在 1940 年问一名员工，为什么要在片厂上班。那位动画家结结巴巴地说：“这里的情形，就像，你知道，你觉得忍不住要去抓那只该死的圣杯。”

① 罗杰·阿勒斯（Roger Allers）和罗布·明科夫（Rob Minkoff）导演了《狮子王》。《风中奇缘》的动画总监是纪恩。——译者注

“

WARREN
BENNIS

THE SECRET OF CREATIVE COLLABORATION

20 世纪 80 年代中期，计算机产生了 180 度的转变。它进化为不那么吓人的小型机械，威力却更强大，以整理和分享信息为目的。它的体积缩小到可以摆放在桌面上，甚至装进手提箱。它变得亲切、好玩、廉价、易于使用，对使用者也更加友善。这个了不起的工具是好几个伟大团队的结晶，这一点是可以想见的，而它的发明人形容它是“拥有叛逆之心的产品”。

”

ORGANIZING GENIUS

THE SECRET OF CREATIVE COLLABORATION

03 叛逆之心

施乐帕洛阿尔托研究中心和苹果电脑公司

宁为海盗，不做海军。

——史蒂夫 · 乔布斯

Every Great Group has a strong leader.

每一个伟大团队都有一位坚强有力的领导者。

试想一下，如果20世纪下半叶没有个人计算机，世界会是何种景象？在计算机发明后不到25年间，它改变了我们的思考、工作和沟通方式。请回忆一下最早期的计算机，它和目前摆在全美3 000万人书桌上拥有亮闪闪屏幕的灰褐色盒子有多么不同。最初的计算机有如巨兽，大到占据整个房间，昂贵到只有大企业才买得起，高档到必须专家中的专家才有能力操控。它们吞噬了数以百万的打孔卡，似乎明白地传达出一个信息，即它们不可为个人使用：不可折叠、不够轻薄或便携。

20世纪80年代中期，计算机发生了180度的转变。它进化为不那么吓人的小型设备，威力却更强大，以整理和分享信息为目的。它的体积缩小到可以摆放在桌上，或装进手提箱。它也变得亲切、好玩、廉价、易于使用，甚至对用户很友善。而今，数十亿人都会每天使用个人计算机来做账、与朋友聊自己最特异的狂热梦想、写书、与可怕的数字搏斗、试图影响黄金时段电视节目的方向、研究任何东西、打发时间、为新事业打拼、半夜发信给朋友……这个了不起的工具是好几个伟大团队的结晶——这点是可以想见的，而它的发明人形容它是“拥有叛逆之心的产品”。

个人计算机溯源

一如所有改变世界的发明，这个故事出自一个个人愿景。第二次世界大战期间，由美国资助的科学研究机构的协调人万尼瓦尔·布什（Vannevar Bush），于1945年在《大西洋月刊》上发表了一篇文章《我们可以如是畅想》（*As We May Think*）。在文中他提到一种管理信息的新技术，称之为“麦克斯储存器”（memex）。他解释这种新工具是：

> 一种个人用来储存书籍、记录和联系的产品，它是设备化的，因此也许速度极快、非常有弹性，也是对个人记忆的扩充和增补。

使用麦克斯储存器的人可以创造个人化信息的“轨迹”，以键盘和屏幕取得和运用以各种形式储存的信息。用户可以坐在桌上型麦克斯储存器前，遨游信息世界。从布什的描写中，仿佛已看到50年后的未来：

> 医生对病人的反应觉得奇怪，便循着早期类似病例所建立的数据轨迹，迅速分析类似病史，同时参考解剖学和组织学方面的权威著作。

驻扎在菲律宾的海军雷达设备师道格拉斯·C. 恩格尔巴特（Douglas C. Engelbart）读了布什的展望文章。其中的重点概念“交互性”启发了恩格尔巴特，使其成为最早将计算机变成交互式设备的领导人物。结果是，计算机不单成了咀嚼数字的高手，也成了强化人类心灵的工具。恩格尔巴特同样受到计算机分时操作（time sharing）的鼓舞，在斯坦福研究院（Stanford Research Institute，SRI）成立了增强研究中心（Augmentation Research Center），并于1964年获得美国国家航天总署（NASA）的赞助，将布什的理念付诸实践。1968 年，恩格尔巴特在个人计算机方面有了原创性的突破，而这两项惊人的全新成果就是“鼠标”与“Windows 操作系统”。

恩格尔巴特在 1968 年秋天召开的一场全美计算机科学家的大会上展示了他的发明。约翰·马尔科夫（John Markoff）[①] 在《纽约时报》一篇介绍计算机如何高度先进的文章中，描述了这件划时代的大事。恩格尔巴特坐在一台桌上型工作站前，面对数以千计的同事，成功地结束了读卡输入的时代。斯坦福研究院的同事威廉姆·英格利希（William English）回忆：“大家都惊讶极了，他在一小时内，为现代化程序输入做了详细的说明。”

> **领导力箴言**
> ORGANIZING GENIUS
> THE SECRET OF CREATIVE COLLABORATION
>
> 伟大团队的领导者都深具信心，能吸引比他们更优秀的人。

恩格尔巴特虽然使他的同辈目眩神移，却无法把创新的观念和发明转化为第一台真正的个人计算机。恩格尔巴特的成就之所以有限，原因有许多：斯坦福研究院显然认为他的发明是肤浅的；几位才华过人的同事据说因为他难以相处而离开了实验室；最糟糕的是，他后来失去了联邦赞助。无论如何，恩格尔巴特的增强研究中心并没有变成个人计算机界的第一个伟大团队。这项殊荣由帕洛阿尔托研究中心获得—— 一家附属于施乐公司的研发机构。

① 约翰·马尔科夫，《纽约时报》高级科技记者，普利策奖得主，被誉为“硅谷独家大王”。其最新力作《与机器人共舞》已由湛庐文化策划，浙江人民出版社出版。——编者注

施乐电脑出世

帕洛阿尔托研究中心成立于1970年，它很快就开发出第一台易学易用的计算机，命名为阿尔托（Alto）。随着国内越来越多一流人才的加入，它变成一个跃动理想的地方，充满了引领未来的气象。开明的领导方式使其天才成员组合成一个伟大团队，但即使有成熟的领导者，帕洛阿尔托研究中心仍不可避免地成为“创新”与“商业开发”脱节的标准范例。这个故事可见于史密斯与亚历山大合著的《摸索未来：施乐如何发明又忽略了第一台个人计算机》（*Fumbling the Future: How Xerox Invented, Then Ignored, the First Personal Computer*）。

不过在1970年，一切尚处于探索之中。阿伦·凯是第一批受聘进入帕洛阿尔托研究中心的计算机天才，当时他30岁，年纪最大。14岁时的阿伦·凯从科幻小说作家罗伯特·海因莱因（Robert Heinlein）的书中读到源于布什的麦克斯储存器。这个理念此后始终令阿伦·凯着迷，进而吸引他投入到生物、数学、音乐以及其他学问的研究中。

乔布斯在接受《连线》杂志访问时，对创意有很大胆的观察。他说：

> 创意就是把东西联结起来。你问创意人员他们如何做了一件事，他们会觉得有点罪过，因为他们并没有真正去做，而只是“看到了”。经过一段时间之后，他们会觉得这是很显而易见的。因为他们可以将过去的经验联结起来，制造出新的东西。他们之所以能这么做，是由于比其他人经验丰富，或是较常回顾自己的经验。

阿伦·凯从出生开始就接触艺术、音乐和科学，而且是个饥不择食的广泛阅读者，所以能将大量的经验加以联结。

阿伦·凯在犹他大学（University of Utah）的博士论文中，介绍了一种易于使用的互动式计算机，认为它对“刺激观念的想象和理解具有帮助”。当时 FLEX 这种机器暨机器语言在技术上尚不可行，但却理清了人们对个人计算机的心理认知，进而产生重大进步。结果就是麦金托什计算机的发明，以及无数人使用 IBM 系统，进而使用窗口。

阿伦·凯将他在帕洛阿尔托研究中心的大部分成就归功于泰勒——他领导了最具影响力的三大部门之一：计算机科学实验室（阿伦·凯现在是苹果电脑洛杉矶公司的成员，也是苹果电脑网罗的个人电脑六大杰出人士之一，因为他们在领导或技术方面有卓越贡献）。泰勒在 20 世纪 60 年代晚期，担任国防部高级研究计划执行组组长，促进了交互的发展（赞助恩格尔巴特研究鼠标的，正是当时任职于 NASA 的泰勒）。

领导力箴言
ORGANIZING GENIUS
THE SECRET OF CREATIVE COLLABORATION

没有伟大的领导者，伟大团队就不存在。

在帕洛阿尔托研究中心，泰勒最重要的任务就是网罗人才。他希望让帕洛阿尔托研究中心充满了罕见的天才与创意人员，让他们竭尽所能地拓展计算机科学的疆域。**伟大团队往往始于伟大的人际网络。**在美国远景研究规划局（以下简称“ARPA”）里，泰勒已经认识了全美所有的计算机科学家。泰勒和沃尔特一样，他不仅要找能干的人，还要找最优秀的人。阿伦·凯说泰勒相信“**要创建伟大团队，集合再多人才也不嫌多**”。根据阿伦·凯的说法，泰勒是个“天才伯乐”。他爱才，也相信自己能辨识人才。“人们眼中有两三种火花，是他所相信的。”依照阿伦·凯的看法，泰勒具有雇用某几类性格人员的倾向，因此使他错失了一些人才，但是错失得不多。

泰勒从一开始就寻找能够合作的人，这使他组合伟大团队的机会大增。他愿意偶尔牺牲具有破坏力的天才来成全大局，因为他要的是能够强化彼此成就的人，而非彼此阻挠。他相信在帕洛阿尔托研究中心进行的这种系统化研究中，合作重于一切。

在帕洛阿尔托研究中心，挑选人才的过程促成了这个团队的建立。候选人不仅要接受面试，而且要在众人面前演说，接受质询，甚至面临尖锐的拷问和批评。这是个严酷的考验和试炼，也是创造团队荣耀的过程，通过考验的候选人将受到其他人坚定不移的支持。“在帕洛阿尔托研究中心，每一个人都必须期待有下一个成员加入。”阿伦·凯说。现任成员将中选者视为“一个会为他们带来更多乐趣的人”。入选是最高荣誉，因为它肯定了你是天才中的天才，而且人人都知道。“这批人的确可怕，据我所知，他们是有史以来最聪明、最有创意的人。”阿伦·凯指的是1972年的团队。

招聘人才之所以重要，有几大原因。对高级研究计划执行组而言，泰勒相信在资助研究时，必须为了计划而挑选人才。他像领导帕洛阿尔托研究中心及其科学实验室的乔治·帕克（George Pake）一样相信，好科学必须由基础做起。你聘用了不起的人才，把他们放在配得上他们的才华和激情的项目上。他们会告诉你，他们需要做的是什么。而人际互动越方便，就越不容易偏离原先的使命。集体合作是令人鼓舞的，阿伦·凯说：“你可以花四成时间担任他人计划的‘助手’。”

帕洛阿尔托研究中心的心智水平之高超，极为罕见。在本书提到的几大团队中，只有“曼哈顿计划”的天才人数足以匹敌。不过，任何需要极致表现的计划，都需要精准地网罗人才。基德在《新机器的灵魂》

一书中提到，当魏斯特在数据通用公司成立老鹰计划时，并不像泰勒般拥有这么优越的条件，能从一群熟悉的天才中挑选出一批富有创意的梦幻组合。魏斯特和同事卡尔·艾尔辛（Card Alsin）深入讨论，是否要雇用“毛头小伙子”工程师来进行这项要求严格的计划。结果他们决定：最重要的是聘用一群比他们更了解现阶段计算机状况的人，即使这样会使魏斯特和艾尔辛显得过时。他们必须乐于雇用优于自己并可能取而代之的人。照基德的说法就是“取代自己”。寻找卓越人才的信心也许是吸引人才的第一规则，但也往往最常被破坏。**伟大的团队往往是由那些愿意甚至渴望招募到比自己更有才华的人的领导者造就的。**

数据通用公司的人才库以“资历”闻名，因此魏斯特和艾尔辛找寻的是候选人适合这个计划的直接证据。艾尔辛认为其中一个求职者很可能有熟练的撰写计算机语言的本事（一项复杂而需要创意的工作），因为他获得了无数奖项。魏斯特和艾尔辛也希望候选人要乐于“奉献”或“作出承诺”，也就是在计划进行期间，停止其他活动。

打造天才团队

在帕洛阿尔托研究中心，为了要让创意蓬勃发展，泰勒的策略是“**让真正杰出的人聚在一起，并管理他们之间的互动状态**”。阿伦·凯说：“管理环境是他的专长。”而在ARPA，泰勒也系统地思考了如何以最有效的方式管理研究计划，在拨付联邦资助款项时，通过观察项目领导者的行为，他总结出了很多重要经验。由此形成的人才管理模式强调四个重点：**网罗人才、组织、沟通和工具。**

计算机科学实验室和全盛时期的迪士尼公司一样，组织结构是扁平、非金字塔形的，40 名科学家全都直接向泰勒报告。泰勒因而能够随时了解实验室的工作状况，也让团队成员不必分神计较身份或地位——你所擅长的正是你手边的事情。科学家们可以从一个计划转移到另一个计划。成员查克·撒克（Chuck Thacker）说，这代表最棒的计划吸引最棒的人才，而结果是："高质量的工作热烈进行，比较不吸引人的工作却有逐渐荒废的迹象。"泰勒本能上了解他不能迫使这样威力强大的团队转向，他必须让这些人做他们唯一能做的事，信赖自然的法则，以便让最棒的点子在工作中被激发出来。

泰勒提供给团队一个罕有的机会：自由自在地进行基础研究，又领取高薪。不过对大多数人而言，金钱几乎没有意义。泰勒集合的一批人，一心只想改变计算机科学。泰勒有一项非同寻常而又令人尊敬的领导长处——**"沟通"，因为信息分享对伟大团队十分重要。**而在帕洛阿尔托研究中心的主要做法是：每周开一次会。这些被称为是"交流"的会议，参照了泰勒在创立 ARPA 时期召开的年度会议；这让所有受赞助的科学家共聚一堂，分享当前的研究并将观察所得呈交给同事。在这样的会议上，对计算机的共同展望（包括互动）逐渐开始成形。阿伦·凯打了个比喻：

> ARPA 的梦想就像个磁场，而我们好像小铁屑，在它周围环绕排列。

泰勒很清楚在天才成员身上，不该加诸任何专制规定。如果有人生性傲慢，就让他去傲慢，这是为天才付出的小代价。这种态度就好像说："我们不在乎她们是不是首席女高音，只要她们能唱歌就行了。"不过周会是强制参与的。"在帕洛阿尔托研究中心，只有一项规定不可违反，"阿伦·凯说，"你必须参加周会，而且留到最后一刻。"

参加者每星期拖着一张布椅子去开会。在这个通常热烈无比的场合，每个人都会接触到他人的点子和成就。而被泰勒称为“零星结果”的这些东西，很可能启发每个人所做的研究。因此这个简单却效果卓著的周会，使人人接触到一些信息——在研究过程中很可能是关键的信息。周会中，大家互相交流（但不花时间做报告和备忘录）。同时周会也让大家就矛盾和争议进行讨论。这些会议反应出泰勒对杰出团队的动态多么了解。阿伦·凯说：

> 将一群主要成员聚在一起，在解散回家之前解决问题，如果组织做不到这一点，就无法良好运转。

创新技术与产品

泰勒很清楚，让成员拥有正确的工具是至关重要的。通常这都由他们自己创造。ARPA 的成员都既懂硬件也懂软件。“这个团队一切都可以自己来。”阿伦·凯说。由于有能力自创工具，阿伦·凯和同事得以避免受困于他人所制造的、不适用的较次级技术。“今天编写的代码，有九成是绕着他人的错误打转。”他说。

最先进的技术往往是伟大团队的成功因素，帕洛阿尔托研究中心也不例外。早期这个团队曾遭受技术上的危机，这促成它走向伟大，却也显现出它与其他部门格格不入。施乐公司在帕洛阿尔托研究中心成立后，花费了 9 亿多美元并购科学数据系统公司（Scientific Data Systems，简称“SDS”）。

施乐公司原本打算，让科学数据系统公司研究，由帕洛阿尔托研究中心开发出的计算机是否可做商业应用。当时，科学数据系统公司已制造出一台名为西格玛的计算机，施乐以为帕洛阿尔托研究中心必定会使用先进的西格玛 7 号做研究。可是泰勒的下属不愿采用。他们认为科学数据系统公司开发出的是次级品：机型过时、不能互动，与 ARPA 的软件不兼容。他们认为若要调整自己适应西格玛，将会使研究倒退数年。帕洛阿尔托研究中心想买的，是能够与 ARPA 软件兼容的迪吉多（Digital Equipment Corporation）的产品。

科学数据系统公司认为此举将会贬低施乐公司自身产品——西格玛的声誉。这是一场丑陋的战争，直到帕克扬言辞职，并要求批准他们另寻替代品和自行制造计算机。帕洛阿尔托研究中心在 18 个月内开发出一台分时操作、具有集成电路记忆的计算机，并且恶作剧地将计算机命名为麦克西（MAXC），借此取笑科学数据系统公司研发的麦克斯培利斯基（MAX Palevsky）计算机。

排除干扰，聚焦重点

由于帕洛阿尔托研究中心领导阶层愿意和总公司抗争，促使其成员产生高度的忠诚。帕克把自己放在第一线，角色与“曼哈顿计划”的格罗夫斯将军、“臭鼬计划”中的约翰逊一样重要。美国洛斯阿拉莫斯国家实验室的科学家大多数都不喜欢格罗夫斯，因为他总是激怒他们，但他却能在面对这些人所依赖的政府单位时，挺身维护他们的利益，这一点他做得极好。而在施乐公司，帕克、泰勒以及其他部门的负责人多半也能说服决策者，满足帕洛阿尔托研究中心的迫切需求。当一个精英团队在进行一项并无先例可循的任务、对抱残守缺之人构成威胁时，这项功能更是无比重要。在帕洛阿尔托研究中心，泰勒尤其会“把自己横阻在施乐和我们之间”。阿伦·凯这么说，显然对泰勒甘愿牺牲前途来“保护他的人”深表敬佩。1983年，泰勒奉命重组实验室，要求“接近传统、不批评施乐其他部门”，他便辞职了。随后他在帕洛阿尔托研究中心为迪吉多计算机另外设立了一个计算机研究部。

> **领导力箴言**
> ORGANIZING GENIUS THE SECRET OF CREATIVE COLLABORATION
>
> 伟大的团队往往是由那些愿意甚至渴望招募到比自己更有才华的人的领导者造就的。

泰勒为不断改进计算机，营造出一种近乎宗教式的狂热。全力以赴、明确重点、专注重点——这些泰勒带给帕洛阿尔托研究中心的特质，也是他从其他人身上发掘或激发出来的（或许两者互为作用）。1932年出生于德州的泰勒，是卫理公会[①]教派牧师之子，因此可以用宗教性字眼谈论他的工作。泰勒说：

> 以往，人们相信担任神职是受到感召，所以我从小到大总以为，不论你的志向是什么，都必须有奉献精神。

泰勒把阿伦·凯引进帕洛阿尔托研究中心，是为了激发整个组织的创意。阿伦·凯在中心拥有自己的研究部门——“系统科学实验室”，研发当年在他论文中提到的FLEX机器，结果诞生了“闲谈”（Smalltalk）计算机语言——这种语言反映了他的见解，即计算机是一种媒介，而不仅是工具。他也相信计算机应当简单到连小孩都可以使用。（运行“闲谈”语言的计算机有一台显示信息用的电视屏幕、一个键盘和一只鼠标。）当

① 卫理公会（The Methodist Church），是基督教新教卫斯理宗的美以美会、坚理会和美普会合并而成的基督教教会。——编者注

许多计算机先驱专注于必要的数学问题时，阿伦·凯却创造出全新的机器与人如何互动的思考模式。他的影响所及包括：幼儿教育家玛丽亚·蒙特梭利（Maria Montessori）的发展与教学理论、皮亚杰[①]、心理学家布鲁纳[②]、网球内心游戏的提倡者、铃木小提琴教学法。帕洛阿尔托研究中心开发出的计算机是一种学习环境，不单是显示和进行数据处理而已。它很容易学习，因为你对它作出的大部分揣测，结果都会正确。这种直觉式演算就是一种革命。

阿伦·凯的“闲谈”，是第一个以对象为导向的程式语言。而在今天，计算机的另一项特点正是“对象导向”，用户可以发出指令给个别的运算对象或软件达到目的，却永远不需要知道指令引发的内部指令是什么。它有特定功能，并像生物细胞一样与其他细胞联结。不论阿伦·凯在帕洛阿尔托研究中心的成就多么神奇，他却表示他的期望远远超出任何实际成就。自从 1968 年他在麻省理工学院看到西摩·派珀特（Seymour Papert）对儿童与计算机的研究，就想发展出一种交互式的笔记本电脑，让儿童也可以使用。它将会像一本书一样便携。阿伦·凯在闲聊时提到，这项使西方学习平民化的发明，理想尺寸是 16 世纪的奥尔德斯·马努蒂尔乌斯（Aldus Manutius）确定的，当时他把原来图书馆内大部分藏书的惊人尺寸，缩小到可以放在马鞍袋中携带。阿伦·凯将他的新型计算机称为“动态书”（Dynabook）。

---

① 琼·皮亚杰（Jean Piaget, 1896—1980），日内瓦心理学派创始人，瑞士儿童心理学、发生认识论的开创者，被誉为心理学史上除了弗洛伊德以外的一位“巨人”，其提出的发生认识论不仅是日内瓦学派的理论基础，也是欧洲机能主义的重大发展。它开辟了心理学研究的一个新途径，对当代西方心理学的发展和教育改革具有重要影响。——译者注

② 杰尔姆·布鲁纳（Jerome Bruner），哈佛大学教授，在认知学习理论方面有重大贡献。——译者注

阿伦·凯在 1977 年对这台始终未问世的“动态书”这么描述：

> 想象你本身所有的知识都装在一个尺寸及形状有如一本记事本的随身行李中。假设它的容量足以胜过你的视觉和听觉，能够储存随时可取用的数千页的参考数据、诗句、信件、收据、唱片、绘画、动画、乐谱、波形、动态仿真，以及一切你想记住和改变的东西。

阿伦·凯在帕洛阿尔托研究中心想象的笔记本电脑，15 年后才真正问世。

缺乏远见，坐失良机

施乐公司决定不再发展“动态书”时，计算机科学实验室的巴特勒·兰普森（Butler Lampson）与撒克开始研发日后的“阿尔托”，也就是第一台成功的个人计算机。不过将它发展成商业用途的却是苹果电脑公司，而不是施乐公司。“阿尔托”具备了现代化个人计算机的众多标准特点：位映像①、图解用户界面和鼠标。

用来控制显示设计的称为“桌面”，正是来源于阿伦·凯所谓的“对用户友善”的理念。不同的任务同时在计算机屏幕上呈现，如同桌上一页页的纸张，以重叠窗口的形式出现。“阿尔托”在另一方面也颇具革命性：它很“好玩”。科学家选中了《芝麻街》（*Sesame Street*）布偶剧中的饼干怪兽（Cookie Monster）作为新产品的第一个标志。除了创造出“阿尔托”外，帕洛阿尔托研究中心的第一代科学家，还开发出第一套易于使用的

① 即指派一个记忆位元给显示屏幕上所出现的每个图素。

文字处理程序、第一个地区计算机网络和第一台激光打印机。

如果少了阿伦·凯、兰普森和其他人的共同合作，这一切都不可能实现，但泰勒仍是促使帕洛阿尔托研究中心成功的大功臣。科林吉里在他介绍硅谷历史的名著《意外的王国》中提道：

> 没有泰勒，一切将会乱成一团。他有如中央转运站，负责监控理念和工作的动向，让两者尽可能顺畅。他虽然不是计算机科学家，不能亲自做什么，可是他居中协调的地位使他变得不可或缺，大家也很清楚谁在替谁干活。泰勒是老板。他们称之为“泰勒实验室”。

按照科林吉里的说法，泰勒所做的只不过是创造了“研究基础计算机的理想环境，一个几近完美的场所，让 48 个人发明出当今我们所拥有的计算机”。泰勒是领导者的先锋，是帮助他人的人。他充分理解施乐公司首席科学家兼帕洛阿尔托研究中心先驱人物戈德曼[①]从报纸上剪下来，贴在他办公室的一段话：

> 表现创意有两种方法：你可以唱歌和跳舞，也可以创造一个让歌者与舞者全力发挥的环境。

帕洛阿尔托研究中心的人都记得，那是他们生命中最了不起的一段时光。阿伦·凯说：“我一辈子就只有那一次身在一个重要团队中，进行伟大的事业，我得到的乐趣也最大。”撒克将帕洛阿尔托研究中心形容为“从未在其他地方见过这么伟大而持续的创意发挥，就好像在创世纪。许多人的努力是空前的，或许也是绝后的；他们都认为自己在做一件有价

① 杰克·戈德曼（Jack Goldman），ARPA 的创始人。——译者注

值的事情，相信这么做可以改变世界”。

事后回想，我们很难想象施乐公司何以不发展阿尔托的商业用途。**公司高层缺乏远见是原因之一，但并非唯一因素。帕洛阿尔托研究中心内部员工个个精力旺盛，并以精英自居，也是另一个原因。**帕洛阿尔托研究中心的科学家对施乐公司的高管极不客气，甚至不屑，认为他们对计算机的奥妙缺乏主动研究精神。这群未受拣选的凡人，偶尔会被讥为“调色头”（暗指该公司著名复印机所需的油墨）。帕洛阿尔托研究中心时代，施乐公司在达拉斯成立了计算机工程设备单位，由鲍勃·波特（Bob Potter）负责，他是感受到帕洛阿尔托研究中心集体不屑态度的决策者之一。他在《摸索未来》中提道：

> 我跑去坐在他们的软椅上，却从他们的嘴里问不出任何名堂。我告诉他们说我最了解他们，而且是公司最好的客户。可是，他们只对自己的事感兴趣，自以为高人一等。帕洛阿尔托研究中心的人从来不了解他们应该去帮助较不幸、较不聪明的芸芸众生。

施乐公司还在摸索阶段，结果却被苹果电脑公司兴高采烈地发扬光大了。

苹果上演“白昼大突袭”

作者利维在《疯狂伟大》一书中提到了那次事件，那是一次“白昼大突袭”，而且是在施乐公司的祝福下进行的。施乐公司的财务主管答应让苹果电脑公司创始人乔布斯和几位同事参观帕洛阿尔托研究中心的技术，条件是：以优惠价格取得苹果电脑公司的股票。结果在1979年12月，也就是帕洛阿尔托研究中心孕育和开发出第一台计算机之后6年，乔布斯与志同道合的团队一跃而开始了麦金托什计算机的开发。当阿尔托计算机在帕洛阿尔托研究中心总部展示时，苹果电脑公司的代表看到了帕洛阿尔托研究中心最辉煌的突破，包括跳出选单和鼠标。帕洛阿尔托研究中心负责展示的拉里·特斯勒（Larry Tesler）对苹果人提出的睿智问题深感触动。

领导力箴言

> 设计和维持一种让人们能"在宇宙间留下印记"的氛围，正是领导者所需的创造性行为。

特斯勒后来离开帕洛阿尔托研究中心投效于苹果电脑公司，他告诉利维："就像和自己人谈话，并且更精彩，因为他们想把它推广给世人。"这的确是他们的期望。利维描述了那天的场面，乔布斯把心中的纳闷提出：

> 这是最伟大的东西！是革命性的！你们为什么不拿这东西去做点什么？

乔布斯在返回苹果电脑公司位于库帕提诺（Cupertino）总部的短短车程中，和其他人谈到如何根据他们所见，创造出属于自己的革命性计算机。一如利维所述，苹果电脑公司现在拥有一项开发新计算机的关键：一个典范。"当施乐公司发现苹果电脑公司拥有的构想时，已经太迟了。苹果电脑公司早已甩开施乐公司，展开革命。"

乔布斯虽然是苹果电脑公司的联合创始人，却从未当过技术领导人，技术领导人是史蒂夫·沃兹尼亚克（Steve Wozniak）。不过，**首先注意到帕洛阿尔托研究中心的成就是未来趋势的，却是乔布斯**。他在1996年对《连线》杂志说：

> 1979年，我在施乐公司的帕洛阿尔托研究中心看到一个非常原始的图像用户界面，不完整，也不大正确。不过在10分钟内，它就显现出：将来全世界的计算机都会参照这种方式运作。

将沃兹尼亚克与其他人制造的产品推广出去，一向是乔布斯的才能。现在他有了自己的愿景——虽然得自他人、并非原创，他却能据为己有。他只需把这台计算机制造出来，以自己独特的方式做营销，送货出门就可以了。麦金托什的故事在今天已是硅谷传奇：例如乔布斯如何将杰夫·拉斯金（Jef Raskin）赶出当时的麦金托什计划，而以自己的天才和任性作风取而代之；如何组织一小群杰出人士（包括程序设计师、设计者、营销人员），不断激励他们制造出“疯狂伟大”的成品；如何让下属的伟大团队相信他们是才华盖世的叛逆分子，以其他部门及整个数字世界为挑战对象。

苹果电脑公司于20世纪70年代中期在一座车库里起家，最著名的就是它的自由气氛——公司日渐茁壮成为大企业之后也仍旧保持着。身为麦金托什团队负责人，乔布斯成功地将苹果电脑公司的精神灌注到团队中。他们搬进自己的办公室，每星期工作100个小时。乔布斯保证他们将制造一个“在宇宙间留下印记”的设备。他们不是工程师或营销人员，而是海盗，是狡猾的弱势者，以卓越与创新为名对抗当今卓然有成的对手。“**宁为海盗，不做海军！**”这是乔布斯著名的警句。于是他们在办公区升起了骷髅旗。

乔布斯具有建立团队认同感的本领。他会发放特别的T恤，只要有人在期限内完成一项特别困难的任务，就送他一个菠萝比萨饼……诸如此类幼稚却有效的奖励。他将工作裹上神秘外衣，坚决不对外人透露。麦金托什是他们的“曼哈顿计划”“臭鼬计划”，一个扭转乾坤的重大机密。**秘密一直是伟大团队热衷之事。不论是否攸关国家安全，秘密可将“知情”与“不知情”之人一分为二，使得知道内幕者更加紧密地结合在一起。**

让我们比较一下乔布斯对苹果电脑公司，以及泰勒对帕洛阿尔托研究中心的领导方式。泰勒并非圣人，他对人有加以两极化的倾向。他的一位下属表示：“他只有两种模式：你不是人杰，就是人渣。”不过泰勒绝不会责骂下属，乔布斯却会，而使他的员工饱受其苦的正是所谓的“走动式管理”。他会突然出现在办公大楼，一面察看员工做事，一面口出恶评，而他本人并没有相关的专业知识。“这太烂了！”正是乔布斯的著名批评。

乔布斯在帕洛阿尔托研究中心发现他的毕生典范时，才24岁。他和苹果电脑公司其他员工的年轻造成了一个笑话：“苹果和童子军有何不同？”答案是：“童子军有成人监督。”也许我们应该谅解乔布斯，善意地将其行为解释为不成熟的领导方式。可是这些行为显然逐渐破坏了他的权威。照李维尔的说法，乔布斯的团队成员经常拿他身上的“现实扭曲力场”开玩笑。他们通常会背着他做自认为最好的事，例如，为配置贫乏的麦金托什计算机增加内存。乔布斯不理性的行为到底付出了什么代价？将压力提高，究竟是延缓还是促进了麦金托什的开发？员工到底耗费了多少时间和精神，来承受领导者出其不意的攻击？**如果说创造成就必须靠员工的智慧和奉献，那么让工作场所保持礼貌上的尊重不仅理所当然，而且还是聪明人该做的事。能干的员工是你的财富，不应该耗损他。**

麦金托什计算机的重要特点是具有自己的性格，而这项成就大部分要归功于苏珊·凯尔（Susan Kare）——这位在麦金托什团队精英中，最主要的人物之一。她设计了著名的“垃圾桶”与其他图标符号。凯尔的专长与大部分具备程序输入和工程背景的同事截然不同，她是由安迪·赫茨菲尔德（Andy Hertzfeld）引荐的，凯尔在高中时代便认识了赫茨菲尔德。拥有美术博士学位的赫茨菲尔德还具备一项几乎可以算是她发明的艺术形式——设计了具有图像界面的迷你打字机及其他设备，这让计算机用户点一下鼠标就可以开始使用。凯尔后来在旧金山拥有自己的工作室，专门设计麦金托什系统的图标符号及字体。离开苹果电脑公司后，她为其对手微软 Windows3.0 设计了一系列想象力丰富的图标。

领导力箴言

ORGANIZING GENIUS
THE SECRET OF CREATIVE COLLABORATION

秘密一直是伟大团队热衷之事。不论是否攸关国家安全，秘密可将“知情”与“不知情”之人一分为二，使得知道内幕者更加紧密地结合在一起。

乔布斯对麦金托什的发展居功至伟，包括坚持将它设计得很高雅。微软的盖茨曾说，若是没有乔布斯，麦金托什不会存在。阿伦·凯也赞扬他的个人计算机是“第一个值得瞩目的东西”。

麦金托什计算机团队成员眼中的确都带着火花，而且成就了伟大的事业。至于这是由乔布斯所成就的，或是因面对挑战而迸发出的愉悦所造成的，并不重要。“每个在那里工作的人都完全认同工作。我们相信我们正在进行一项上帝的使命。”兰迪·威金顿（Randy Wigginton）后来说。每个人都对这第一台可爱的计算机献出了自己的一份力量。麦金托什团队将他们的签名放在一小块板子上，嵌在每一台计算机的内部，象征他们的集体创作。即使永远没有人看到，他们也知道它的存在。

第一台麦金托什计算机在1984年交货，距离1979年乔布斯等人参观“阿尔托”计算机展晚了许多年，但远远超出任何人的想象。麦金托什起初在商业上并不成功，不过麦金托什制造团队和拍摄《小鹿斑比》的人一样骄傲。史蒂夫·卡普斯（Steve Capps）表述麦金托什的经验“是我一生中最精彩的经验。”赫茨菲尔德对利维说：

> 我们从不怀疑自己所做的事将会成为风潮。关键在于我们保存了第二代苹果电脑的精神：疯狂的不敬、反权威。麦金托什计算机告诉使用它的人，“你不必凡事太认真。”能够制造出一台具有反叛之心的产品真好！

乔布斯在一次精神训话时，在黑板上写道：“旅程就是回报。”崇高的目标、雄心壮志、自以为最好、有能力改变世界……这些条件通常会使伟大团队锲而不舍地付出努力，即使环境再艰苦，也会变成记忆中最精彩的一页。商业上的成就并不见得重要。帕洛阿尔托研究中心的大部分成员，并不因为他们的成就促成了当今无所不在的麦金托什与个人窗口而感到沮丧。部分原因是，帕洛阿尔托研究中心的成员大都以科学家自居。一如阿伦·凯所言：“科学家与工程师最大的不同在于：工程师想造出产品，科学家想了解运作原理。”帕洛阿尔托研究中心的人想知道，如何以前所未知的方式储存、传送和运用信息，结果做出了了不起的成绩。麦金托什的成员想制造和卖掉一台疯狂伟大的机器，他们也成功了。

不过，为苹果电脑公司工作的代价是高昂的。婚姻关系和其他人际关系在压力下饱受煎熬。麦金托什团队推出成品后已精疲力竭，无力再对这台机器做所需的调整，或展开其他计划。有些人离开了公司。从外围看来，乔布斯为创造和推广麦金托什所带来的无穷激情活力，似乎最能发挥效力，且最不具破坏性。不过假使你真的替乔布斯工作，他会在颂扬麦金托什的信条之余，干涉你的私生活。举例来说，是他开启先例，让苹果电脑公司员工在举行会议或其他正式聚会期间，几个人共住一个房间。照科林吉里的说法，这么做是为了“避免乱搞男女关系，而不是为了省钱。苹果电脑公司是一家很性感的公司，乔布斯希望下属把性冲动用在产品上，而不要用在其他人身上”。

如果领导者更智慧一些，且不那么以自我为中心，就应该知道麦金托什成员必定会经历严重的“产后忧郁症”，并会设法减轻大家的痛苦。乔布斯却浑然不觉、漠不关心，只忙着拿麦金托什去向艺术家安迪·沃霍尔[①]、摇滚歌星米克·贾格尔[②]等名人炫耀。

乔布斯的精神遗产

40 多岁的乔布斯似乎已经成熟，他越来越像是麦金托什计算机的精神领袖，而不是一名战士。身为未来软件（NeXT Software）公司和皮克斯动画工厂的负责人，他依然是个理想主义者，不过好像也学会了不再

① 安迪·沃霍尔（Andy Wahol, 1928—1987），将艺术平民化。——译者注
② 米克·贾格尔（Mick Jagger），滚石合唱团主唱。——译者注

蛮横霸道地领导。乔布斯证实了作家菲兹杰拉德（F. Scott Fitzgerald）的观察是不正确的："在美国，不会有第二次机会。"自从离开苹果电脑公司，乔布斯找到了另一片天。10年前，他愤怒地抛售一蹶不振的苹果股票，因而损失不赀，如今则因皮克斯动画工厂重新致富。身为公司领导者，他不再一味地想将办公室变成一个不健全的家庭，并由霸道的家长管控。不过他的旨意仍旧掷地有声。今天的麦金托什既是计算机，也是世俗的宗教。《纽约时报》曾有一篇犀利的文章，描述麦金托什用户劳埃德·克里格（Lloyd Krieger）如何与这台计算机相处。他希望自己永远不需要放弃这个象征年轻叛逆的创造物，而改用笨拙的个人计算机——即使它较廉价、软件多。当你拥有真正的麦金托什时，为什么要改用 Windows 95？克里格不解地说："当你能听弗兰克·西纳特拉（Frank Sinatra）唱歌时，为什么要去听小康尼克（Harry Connick Jr.）呢？"

乔布斯虽然在1985年被排挤出苹果电脑公司，但是他将麦金托什视为一项事业而不只是一个产品的远见，却极可能挽救这家陷于困顿的公司。苹果电脑公司把川崎（Guy Kawasaki）请回来（他是乔布斯最初的"福音传播者"之一，连名片职称也这样写），并且使他成为6位苹果人之一。**川崎的使命是，设法保持苹果风范长存。**川崎在各种论坛，如互联网通信上宣布有关麦金托什的好消息，当时苹果电脑公司对 Windows 95 的标准反应是"我们早就想到过……也做过了"。川崎说："我的目标是高举麦金托什火炬，把电脑用户从地狱门口拯救回来！"这句话连乔布斯本人也不可能说得更好！

由帕洛阿尔托研究中心所发展出的个人电脑梦想和有限成就，结果却由苹果电脑公司将它传遍全世界，这还得感谢乔布斯。但计算机史上最讽刺的一件事是，乔布斯曾这样攻击 Windows 软件：盖茨把每一台计算机都变成了抄袭苹果构想的灌水麦金托什。盖茨反驳道：

> 不，乔布斯，我想应该说是我们都住在一位叫“施乐”的富有邻居旁边，你闯进去偷电视，却发现我先到一步，然后还说：“这不公平，这原本是我要偷的！”

“

WARREN BENNIS

THE SECRET OF CREATIVE COLLABORATION

领导者是“希望”而非“绝望”的承揽者。

克林顿的出生地碰巧是阿肯色州的小城“希望镇”，

这简直是完美得不近真实。

他在 1992 年民主党大会演说中，

聪明地引用了这项意外的巧合做结语。

他对兴高采烈的群众说：

我依然相信一个叫作“希望”的地方。

”

ORGANIZING GENIUS

THE SECRET OF CREATIVE COLLABORATION

04 销售希望

克林顿竞选团队

看看他们的脸，他们正在做一件许久未做的事：重塑信任。

——比尔 · 克林顿

People in Great Groups have blinders on.

伟大团队的成员专注目标，全力以赴。

任何合作过程，都比不上将一个人送进白宫所需要的合作伟大。100 多人耗时一年多，让克林顿在 1992 年大获全胜。在这个伟大团队中，除了这位颇具领导者气质的候选人之外，重要人物还包括民主党党魁罗恩·布朗（Ron Brown），以及克林顿能干卖力的妻子希拉里、政策幕僚、募款高手以及民调专家。才华出众、巨细靡遗的讲稿撰写人保罗·贝加拉（Paul Begala）则在这场近年来充满最多憎恨与揭发阴私的选战中，替克林顿写出了动人而激昂的讲演词。克林顿参加竞选的决定，本身就是集体成果，是他和妻子 1991 年夏季在枕畔谈出的结果。

新兴的民主党领袖克林顿

曾为罗德学者（得奖人可赴牛津大学研究）的克林顿智能超凡，至今依然记得大学同学的电话号码。他长得高大英俊，每到一处就会使该处充满能量。但他绝非糊里糊涂当上总统的。他开始争取白宫宝座之时，共和党已经执政近 25 年。竞选之初，克林顿很年轻，年仅 45 岁，即使有人知道他，也只知道他是名不见经传、相当贫穷的阿肯色州州长。这场竞选因而格外艰难。首先他必须在党内 6 名候选人中脱颖而出，然后面对当时刚赢得波斯湾战争的布什总统，打败其享有的 91% 的高支持率。至于第三党候选人罗斯·佩罗（Ross Perot），不但耳朵大、气焰高、财势也大，情势更加复杂。佩罗打算投入 6 000 万美元做宣传（大部分花他自己的钞票），以半认真半玩笑的方式争取入主椭圆形办公室。

某些观察家认为，克林顿一生都在为总统之职铺路，他们甚至追溯到他 16 岁时：当时还是学生的他，受到心目中的英雄肯尼迪总统[①]在白宫草坪接见。不过克林顿真正展开角逐行动是在 20 世纪 80 年代中期；当时他协助成立了民主党领导者会议（由党内最佳、最杰出的党员组成，目的在于设法突破共和党对白宫的控制）。它同时也重新定义了担任民主党党员的意义；他们原先所相信的是“政府可以成为改善人民的力量”，可惜这种信仰已在辉煌的肯尼迪时代之后逐渐凋零，而那个理想年代距今已有数千日之遥。

领导力箴言

ORGANIZING GENIUS

THE SECRET OF CREATIVE COLLABORATION

伟大团队都有遗世独立的倾向，足以断绝来自大都市的诱惑。

民主党领导者会议对民主党的特性有了新定义，即“新中间主义”。该会前任主席克林顿在 1991 年 5 月于克利夫兰市举行年度大会演说时，不但造成轰动，似乎也促成了民主党行动派人士的新希望。“他的讲演词相当于后现代民主党政治的一项宣言，超越了原先自由与保守的僵化争论。”《角逐 1992 年总统之职》一书作者写道：“他的理论是，抉择介于昨日与明日之间，党的未来必须站在正确的一边。”

克林顿在许多方面带着他所处时代的影子。他深爱摇滚乐[②]，也具有

① 约翰·肯尼迪（John F. Kennedy, 1917—1963），第 35 任美国总统。——译者注

② 克林顿属下在竞选期间以埃尔维斯（猫王）称呼他。

许多第二次世界大战之后婴儿潮时代的价值观。其中之一是“尊重集体行动”，这也是20世纪60年代晚期到70年代初期所形成的精神。当时义愤填膺的学生靠着集体合作关闭校园，对他们认为不道德的战争提出抗议。克林顿可以说是真正出于《大寒》（*Big Chill*）[①]时代的总统，是第一个认真思考要过集体生活，并经历了20世纪60年代之后集体学习与选择过程的人。从他坚持参加“文艺复兴周末”这个每年一度的集思会，即可见他是个合作度很高的人。**性格和训练促成他组成一个伟大团队，助他赢得总统之位。**而克林顿根深蒂固的合作天性，也促使他从乔治城大学、耶鲁大学，到牛津大学时代，就潜心经营他的名片簿。他知道若要赢得选举，就需要一流专家，也需要知道如何网罗人才。

竞选团队人才济济

有些领导者只会网罗与自己相像的人才，而另一种领导者却了解：**寻找能够弥补个人短板的人才，方能成就伟大的事业。**克林顿周围即围绕着一大批通常和他专长不同的各色人士。而克林顿则像大部分成功的领导者一样，不受下属威胁；无论对方多么能干都无妨，他深信自己有远见，而阵营中个个是大将，必会赢得大选。他不断开发下属专长，不像佩罗对其军师埃德·罗林斯（Ed Rollins）那样心存疑虑，最后还将罗林斯撤换。克林顿就像拍摄《白雪公主与七个小矮人》的沃尔特，心中自有愿景。下属的目标是：各自完成必要的任务，以便实现目标。克林顿的政策主任卡维尔回忆说，克林顿曾对下属表示，他知道如何胜选：

> 我最需要你们聚焦，并保持清醒。

① 以越战时期学生为背景的著名电影。——译者注

后来，克林顿的几位竞选伙伴也逐渐走红，其中最值得注意的是多彩多姿的卡维尔。不过这个伟大团队的成员大都隐姓埋名地拼命工作，只有无所不在的媒体认识他们。举例来说，克林顿早期最重要的行动是：筹募到一笔巨额经费。本来克林顿受困于一名一事无成的募款者，后来年轻的天才拉姆·伊曼纽尔（Rahm Emanuel）很快取而代之。竞选总部的人称呼他"蓝波"，因为他为人古道热肠，整个募款行动就是由他发动的。在 1991 年 11 月，克林顿还没有任何募款员。伊曼纽尔接手后，单单 12 月份就举办了 27 场募款大会。到了年底，克林顿阵营拥有 330 万美元的经费，超出任何民主党候选人，得以投身昂贵的电子选战。

领导力箴言
ORGANIZING GENIUS
THE SECRET OF CREATIVE COLLABORATION

寻找能够弥补领导者个人短板的人才，方能成就伟大的事业。

毫无疑问，克林顿是促成胜利的伟大团队的领导者。但想要在 1992 年的克林顿阵营中找一个明星，那么他可不是总统候选人本人，而是卡维尔—— 一位自比为愤怒混血儿的人物。这位离经叛道、有话直说的路易斯安纳州人，是个杰出的政治幕僚。在他伙伴贝加拉眼中，更是美国有史以来最棒的军师。其他人在这场胜利中扮演的角色或许同样重要（包括贝加拉和说话轻声细语的联络主任斯特凡诺普洛斯），可是抓住大众想象的却是卡维尔。这又有何不可呢？在"福斯新闻"首席执行官兼共和党政治顾问罗杰·艾尔斯（Roger Ailes）眼中，此人"貌似一条游得过于接近核子反应炉的鱼"。卡维尔固然相貌怪异，却是个死心眼。他是克林顿的知音，深知民主党应该如何走下去；他更是一只政治猛犬，除了要他支持种族主义或共和党之外，可以无所不用其极地争取胜利。

卡维尔把街头火并的模式带进选战。他和他的共和党对手、现在的妻子麦特琳在合撰的回忆录《一切公平》(*All's Fair*)中引述了一段话，说明他的政治手法：

> 当对手快要淹死时，丢给那个狗东西一块铁砧。

卡维尔把所有的争议转变成对克林顿有利的噱头，抓住媒体注意力。这都是他的功劳。毕竟记者最需要的就是缤纷多彩的好新闻。而卡维尔标准的南部形象，则具备了与佩罗同样吸引记者的特异之处。

小岩城竞选“作战室”

伟大团队的领导者能为每一位成员找到适当的位置。天生好斗的卡维尔主持了被希拉里称为“作战室”的团队（后来拍摄的反映竞选的同名纪录片，获得了1993年奥斯卡金像奖）。卡维尔写道，作战室是选举活动的神经中枢，从许多方面来说，也是伟大团队喜欢的纯粹的功能性组织。这间作战室位于小岩城市区的商业中心，宛如美国洛斯阿拉莫斯国家实验室一般与世隔绝。

伟大团队都有遗世独立的倾向，足以断绝来自大都市的诱惑。卡维尔最中意的是小岩城和华盛顿特区之间没有直飞班机，华府的新闻大军较难长驱直入、打探消息。而其周围也没有能吸引人的东西，在作战室可以完全专注于部属。卡维尔希望他大部分年轻的下属，能夜以继日地替克林顿效命，让胜选成为他们的目标。至于卡维尔本人则太忠于主子了，以至于和妻子的关系都暂时搁置——麦特琳是布什阵营的竞选副理。这对奇特的政治夫妻每天早晚通话，但两人只谈穿着和其他与选举无关的话题。伟大团队的成员经常都没有私生活；当你在创造历史的时候，谁还有工夫过现实生活？

作战室没有迷人的装潢，只有先进科技。卡维尔把这场选战视为闪电战。作战室对每一项冲着克林顿而来的攻击、每一次感受到的威胁、每一次对手的闪失都作出反应，而且是“**立即反应**”。作战室也许距离公路遥远，但凭借现代科技之助，却能和整个世界紧密结合——这个世界包括奔波于其中的克林顿和随从、报道选战的媒体（作战室称他们为“野兽”）、其他主要候选人的核心部属，还有布什、佩罗等人。以往没有一次选举像这次这样彻底利用 IT 界的伟大成就。作战室到处是计算机、传真机，及其他可以进行及时分析的设备，方便大家得到信息，并在瞬间传送出去……而且到处都是电视屏幕。卡维尔在《一切公平》一书中写道，如果要为这个阵营找一道符咒，那就是著名主播詹姆斯·琼斯（James Earl Jones）咏唱的“这里是——CNN”，这个 24 小时播出的纯新闻频道。

竞选团队文化特质

卡维尔写道：“你可以创造出一种竞选文化，我们的文化是以速度为基础。”这个伟大团队大多数时候的制服是 T 恤；与麦金托什团队的衣着一样。卡维尔最喜欢的 T 恤标语是：“速度干掉布什。”假如你是卡维尔作战室的基层人员，就必须跑步往返于复印机之间，而不能走。这里就像真正的作战室，作业从不间断。夜班人员追踪布什等人的活动及其一言一行，并在卡维尔和斯特凡诺普洛斯早晨 7：00 坐下来开会时，准备好书面报告。卡维尔拿海军陆战队士官长的那套传统作风摆出老大姿态，叫骂、蛮干。任何事都是“**现在就做**”。因此当布什还在休斯敦的共和党大会上宣布经济计划时，演讲还没结束，作战室就开始发送报告到各电台主播室，说明这套计划何以不会成功。

克林顿最亲信的几位顾问都很年轻。当新罕布什尔州选民投下初选票时，斯特凡诺普洛斯刚满 31 岁。新闻联络人迪伊·迈尔斯（Dee Dee Myers）年仅 29 岁。卡维尔在团队中算是年纪较大的，他于 1991 年投效于克林顿时已经 48 岁了。但是这位愤怒的混血儿在行为上却刻意表现出孩子气，穿着像个任性的青少年，喜欢破烂不堪的牛仔裤，破到几乎可以看见里面的四角内裤。他具有真知灼见，焦点奇准，却像小孩子一样会在会议进行到一半时，失去耐心。当他开始不专心时，下属便会给他一些玩具自娱。

卡维尔比任何人更投入选战，并能制造出高度的戏剧感，这也是许多伟大团队所共有的特质。卡维尔知道像作战室这样的特殊组织，需要“仪式和值得纪念的时刻”才能成为大时代的一部分。团队内的仪式可以凝聚众人，使人在长时间工作和强大压力之余有所缓冲，并赋予整个团队意义。卡维尔于是发起了“每周一星”活动，获胜者可以得到一瓶烤肉酱，以及我们在儿童时代最大的奖励—— 一颗金星。有一次，他觉得要舒缓作战室压力的最好法子，是往某一名工作人员头上砸鸡蛋。

领导力箴言
ORGANIZING GENIUS
THE SECRET OF CREATIVE COLLABORATION

伟大团队的领导者能为每一位成员找到适当的位置。

伟大团队都具有年轻人的活力。理由是，只有年轻人（或所谓受到诱惑之人）才会既精力充沛，又有放浪形骸的倾向，而这些都是进行这类超级计划时所必备的条件。不过，事情不仅如此。改变世界的团队都有原创性的愿景，可能肇因于梦想和经验。他们对世界的看法是新鲜的，但其他人不尽相信。乔布斯在一次采访中谈到禅学所谓的“**初心**”（beginner’s mind）。伟大团队的成员经常在计划结束后，回忆起他们完成了一件壮举的理由，是因为他们不知道自己办不到。**时间和经验会破坏比天还高的自信**（那些“鲁莽的创意”），**而这正是伟大团队的动力**。乔布斯就是个例子。40 岁的他，不再相信科技会在宇宙间留下印记：

> 这不再像你 20 多岁时那么简单，当时你以为科技能改变世界；就某些方面来说，这是事实，但也不是事实。

较成熟理性的乔布斯是否还能像他 24 岁时那样，带着疯狂的眼神将麦金托什团队推向伟大，我们就不得而知了。

从许多方面来看，每一次总统大选都像是过家家般的十字军东征，又好比义务参加数千人装信封的活动，直到大伙累垮为止，这是一种自我牺牲的努力。卡维尔是克林顿阵营的拉拉队队长，也是具有超凡领导力的救世主，能够鞭策大军进入巅峰状态，再率领众人投入圣战。卡维尔具备了超绝的领导者天赋，能够征召他人共同追求他的目标。他不可避免地将克林顿角逐总统之战变为善恶之斗，而克林顿和支持他的人都是道德高尚的弱者。

伟大团队的大部分能量似乎来自于对抗一个至高无上的敌人。在当今 IT 时代，微软的盖茨俨然是魔鬼的化身。在《作战室》这部电影中，有一幕是卡维尔在一场重要的预选会上，激励当地的志愿工作者。他厉声批评执政的共和党是“一群没有内涵的权谋术士”，从布什总统到华府名媛莫斯巴赫①皆然。这场演说并未逐字修饰（尤其形容莫斯巴赫为魔鬼转世的那一段

---

① 乔吉特·莫斯巴赫（Georgette Mosbacher），共和党对财务委员会主席，能言善道的企业管理者及社交名媛。——译者注

也在内），不过它充满了真情。卡维尔就像推翻现状的激烈声音，要让莫斯巴赫和她那班狗仗人势的共谋者，从此无法光鲜露面。卡维尔说过，他把每一次选战都视为阶级斗争。所以克林顿的支持者是高尚的小百姓，不单要赢得胜利，还要确保未来安全无虞，让一般平民百姓不再受恶势力威胁。卡维尔鼓舞说：

> 想象那种当你指关节酸痛、双脚发冷的时候，别忘了这里真正的敌人，也别忘记我们真正对抗的对象是什么人。

善用口号

找寻正确的标语，是克林顿竞选胜出的主要因素。卡维尔相信标语必须简单，也知道标语应该是什么，它就挂在作战室内：“这个经济政策，真是愚蠢。”对克林顿同样重要的是“强调变革”。克林顿和幕僚早在布什及其幕僚明白之前，就了解美国人在 1991 年对政府已失去了信心。“以变革对抗，以不变应万变。”这是卡维尔贴在作战室的另一句简单标语。“勿忘医保。”这是第三句。在卡维尔津津有味地宣扬的魔鬼学中，布什是“昨日”——宛如《作战室》电影中，卡维尔曾大力抨击布什与其保守政治。卡维尔不屑地说：

> 他充满昨日的恶臭，他根本就过时了。如果我想到昨日，就会想到一张印着布什面孔的旧月历。

卡维尔夸张的用语，正好提醒我们注意到一向被人忽略的游说力量是多么强大，而且始终存在于各种集体行动中。人们不一定会被理性所感动——“在政治斗争中，头脑从未击败过勇气，而且还可能永远无法击败勇气。”卡维尔在《一切公平》中这么写道。克林顿的下属发展出一套天才的办法渗透到大多数选民的情感和渴望中。感性诉求不一定是坏事，但如果将它用于不好的方面可就不妙了。以负责任的方式寻求感情的共鸣，而不光是纯粹的陈述，则是每一个善于演说之人所以引人入胜的方式。克林顿的助选者找到一些用语和图像，迎合人们根深蒂固、广泛寻求变革的欲望，造成希望重燃。在这个团队中，诸如卡维尔之类有领导魅力的人，能够让下属保持活力，同时在情感上迎合员工改变世界的渴望，让众人为更有价值的目标放下个人利益。

领导力箴言
ORGANIZING GENIUS
THE SECRET OF CREATIVE COLLABORATION

伟大团队的大部分能量似乎来自于对抗一个至高无上的敌人。

伟大团队紧紧围绕着一个真正的挑战与问题，值得有才华的人全力以赴。伟大团队的欢乐，似乎就是一般人在解决难题时所感受到的欢乐。解决问题的动力与人性相通，也如同语言一般重要。的确，语言之所以产生，很可能就是用来解决问题的。克林顿的成员一方面受到高远目标的驱策，一方面又因为以技巧击败对手而乐不可支。

应对挑战，重塑形象

1992 年春天，克林顿已笃定获得党内提名。他超过了形象圣洁的桑格斯[①]，也超过了仿佛来自另一个世界的布朗[②]——他在民主党大会上的

① 保罗·桑格斯（Paul Tzongas），前麻州国会议员。——译者注

② 杰里·布朗（Jerry Brown），前加州州长，竞选当年成立了一个人民组织，以广播或录像传播其特殊理念。——译者注

表情始终酸溜溜、面带责难。但是克林顿能否赢得大选却未必可知。角逐总统的佩罗，当时的声势出人意外的浩大，迫使克林顿必须面对第二个战场。如今他既要应付现任总统，又要与一个以改革派自居的在野人士竞争。当 7 月份的民主党大会逼近时，克林顿还面临了两项个人打击。首先是有关他的人格问题：珍妮弗·弗劳尔（Jennifer Flowers）巨细靡遗地指称克林顿是她多年的老情人（克林顿部属一直深恐这位“烫手娼妇”曝光）。接着克林顿又提到他反对越战，因此在越战期间躲避兵役，这件事也激起了民众疑虑。另一个笼罩他的阴影是在大部分人的观念中，他只是另一个政客。这种观念在当时毫无政治背景、主张终结过往政客的富豪佩罗一时称雄之下，对克林顿很可能是致命伤。

克林顿的下属知道他们的候选人有个天大的难题要克服，而他们的解决之道正是伟大团队惯用的方式：**利用想象力、先进的科技、全力以赴，以及最重要的——集体合作。伟大团队是有感染力的。他们会激励其他伟大团队**。于是克林顿的媒体顾问曼德·格伦沃尔德（Mandy Grunwald）想出了让克林顿起死回生的机密对策，这位被称为民主党内“穿香奈尔套装的阿特沃特[①]”给这个对策取了一个完美的名称：“曼哈顿计划”。《角逐 1992 年总统之职》的作者写道：

> 就像制造原子弹的伟大计划一样，它追求的是科学的奥秘，但这次则是情况不甚明朗且复杂的意见研究，而不是研究掌管核子分裂的已知科学。克林顿的幕僚就像半世纪前聚集在新墨西哥沙漠的物理学家、化学家和工程师，都在与时间竞赛。克林顿的部属与制造原子弹的人一样，知道自己如果不能守口如

① 李·阿特沃特（Lee Atwater），前共和党主席，以善于操控媒体著称。

瓶就会坏了大事。因此内部人士都以“曼哈顿计划”来称呼这个最高机密；为了转移视听，它的对外名称是“大选计划”。

这项合作事业的科学部分，执行人是由学者转任顾问的斯坦·格林伯格（Stan Greenberg）。格林伯格利用焦点团队（focus group）以及技术上相关而且更精确的信息分析团队（dial group），来调查人们对克林顿的真正想法。结果很不妙，焦点团队对克林顿的看法，一如政敌对他的描述：华而不实的富家公子，一个想蒙混度日、不尽完美的人物。焦点团队中有人埋怨：“如果你问他最喜欢的颜色是什么，他会说是‘格子花呢’。”这个样本团队也证实了克林顿下属最担心的一件事：许多人觉得克林顿是政客，和布什没什么两样。格林伯格把调查结果写成备忘录，发现弗劳尔和兵役问题都不是克林顿的最大麻烦，也没什么人在乎他是否吸过毒。格林伯格的意见是：**克林顿的最大障碍是，人们认为他“是个不折不扣的政客”。**

领导力箴言
ORGANIZING GENIUS
THE SECRET OF CREATIVE COLLABORATION

伟大团队紧紧围绕着一个真正的挑战与问题，值得有才华的人全力以赴。

现在同僚们知道百姓的真正想法了，他们开始系统地测试哪一种信息可以改善克林顿的形象。格林伯格经常和格伦沃尔德合作，他发现把克林顿的生平故事精心整理，再透露给信息分析团队，强调他生长于小镇、由寡母抚育、与暴虐继父时起冲突，还有他不愿使用州长权力让弟弟免于因毒品案而坐牢等，这些吸引人的故事都能大大提升他的亲和力。许多人对克林顿的个人背景知之甚少，甚至毫无所悉，也不知道他和希拉里有个女儿叫切尔西。在信息分析团队内，受测者可以根据同意或赞许的程度，举一个号码，或是在不满时放下一个号码。结果每当主题为克林顿的生活故事时，正面积分便激升。格林伯格和其他人归纳出：**只要克林顿表现出人性化和“非政治化”的一面，选民就会开始倾听。**

精准的信息也是克林顿“曼哈顿计划”的一部分。回想起来，布什落败的明显因素是，他从未阐明一个清晰、确定、强势的信息。有个宣传描写：受挫的布什盯着超市价格扫描仪，仿佛它来自外层空间，只差没有咕哝：“让它们吃蛋糕吧！”——这个终结现任总统形象的宣传，是否胜过任何其他信息，就不得而知了。克林顿的伟大团队明白，要争取选民的心与理智，关键在于正确的信息。在《角逐 1992 年总统之职》一书中，卡维尔总结了他对赢得民心的信息的观点：

> 它必须清晰、真实，必须要有一个敌人，而最重要的是，必须是乐观的。

销售希望

卡维尔本能地明白领导者是“希望”而非“绝望”的倡导者。的确，在克林顿夫妇参加新闻节目《60 分钟》（*60 Minutes*）面对弗劳尔事件以前，卡维尔写了一个简单的备忘录：“记住孔子说过，领导者必须是焕发希望的行动者。”卡维尔对他的竞选同仁说：

> 我们必须向大众说明，这个国家出了问题，而克林顿所散发的永远是微笑。他是个乐观的家伙。人们必须感受到我们可以改变这个国家。我们可以再站起来。我们有答案。

在卡维尔的计划中，敌人是全体百姓（包括布什和佩罗），他们设计的制度只适用于少数人。克林顿会让这个国家再次适合全体人民。这是个简单、乐观的信息[①]。而克林顿的出生地碰巧是阿肯色州的小城“希望镇”，这简直是完美得不近真实。他在 1992 年民主党大会演说中，聪明地引用了这项意外的巧合做结语。他对兴高采烈的群众说：“我依然相信一个叫作‘希望’的地方。”这席演说和整个竞选活动一样，是个集体合作的结果。“叫作希望的地方”这句话出自希拉里的构思，改编自电视制作人琳达·布拉德沃特托马森（Linda Bloodwort-Thomason）为介绍克林顿家人所拍摄的影片。布拉德沃特托马森正是克林顿一家人的朋友。

领导力箴言

ORGANIZING GENIUS THE SECRET OF CREATIVE COLLABORATION

利用想象力、先进的科技、全力以赴，以及最重要的——集体合作。

原创力是伟大团队的特质。政治形象的打造通常必须规避风险，而格伦沃尔德则成功地证明了，让候选人投入非传统的媒体巡回露面以宣扬信息是很重要的。于是克林顿开始参加电视节目，其他总统候选人则从未想过。他在《赫尔秀》（*Arsenio Hall Show*，黑人深夜谈话节目）中，以萨克斯风吹奏《伤心旅店》（*Heartbreak Hotel*）。在早期，处理克林顿身边事务的人禁止他系上俗丽的领带，要他佩戴较高尚、有总统风范的领带。可是为了博取掌声，以及在非传统的《赫尔秀》上露面，迈尔斯等人与赫尔的服装师沟通，让他们从赫尔的私人收藏中选一条华丽的领带。克林顿起初担心这条雷朋（Rav Bans）领带太过惹火，但最后决定还是系上它。正如卡维尔喜欢引用英国政治家本杰明·迪斯雷利（Benjamin Disraeli）的话：优秀的领导者了解自己，也了解时机。

① 心理学家霍华德·加德纳在《领导智能》（*Lending Mind*）一书中提到：成功的政治信息，要适合 5 岁孩童的心智。详见“加德纳系列作品”，均由中国人民大学出版社出版。——译者注

在细节上锱铢必较是伟大团队的常见现象。克林顿也像其他人一样认真，对每一个电视现场和每一次声明都要做最缜密的研究。同僚们以推出完美成品为乐事，例如参加《60 分钟》节目前，格伦沃尔德提醒克林顿，主持人将是史蒂夫·克罗福（Steve Kroft），而非迈克·华莱士（Mike Wallace）或其他资深主持人。格伦沃尔德建议克罗福要像大联盟球队的成员，提出比一般问题更困难的问题（克林顿的下属无法说服《60 分钟》播出不经剪辑的访问），于是格伦沃尔德明智地建议克林顿夫妇把握机会，在经过剪接的节目中，尽可能同声一气地直呼主持人的名字，让克罗福的威力能够借他们俩发挥出来。

众人同心可断金

总统宝座和制造炸弹、电影、计算机不一样。不过克林顿竞选成功的过程绝对不亚于任何伟大团队的成就。这项选举所做的努力与救回“阿波罗 13 号”（Apollo 13）宇宙飞船的杰出团队，具有几个共同特点。飞行指挥官吉姆·洛弗尔（Jim Lovell）在《失去的月球》（*Lost Moon*）一书中，重述了 1970 年发生于阿波罗 13 号船舱内的神秘爆炸事件，导致三名航天员在太空中连续 5 天面临死亡的威胁。他们能够安全返回地球有赖于数百人的集体努力，包括航天员自身和 NASA 地面团队的支持，才能迅速、高明、镇定、众志成城地分析与解决了一连串复杂的技术问题。天才导演霍华德[①]所拍摄的电影《阿波罗 13 号》，就是根据洛弗尔的书改编的，其中 NASA 的工程师想出办法修复受创宇宙飞船的空气净化系

① 罗恩·霍华德（Ron Howald），作品有《绑票通缉令》（*Ransom*）、《远离家园》（*Far and Away*）、《美人鱼》（*Splash*）、《魔茧》（*Cocoon*）、《烈火雄心》（*Backdraft*）等，从小即展现才华，是一位多产的卖座片导演、编剧。——译者注

统，而且只用船上现有的工具，工程师们向深陷险境的航天员说明修理方式——这一幕的确高潮迭起，并且以强烈的戏剧张力呈现了一个伟大团队的非凡成就，以及成员所经历的兴奋与刺激。

以《阿波罗 13 号》为例，三名航天员的性命可以说完全依赖于团队迅速作出复杂的决定，并采取行动。团队为什么总是比个人更善于作出整体性的决定呢？我们可以这么推测：因为有更多选择被提出，不适用的与随意的臆测则会迅速被剔除，某人想出的点子也说不定会被另一人发扬光大。内部竞争可能会激发出更多点子，组织也许因为不需由某一人承担所有后果而获益倍增（承担后果会阻挠表现，这是众所周知的）。借用摇滚流行歌手佩蒂[①]说过的话："偶尔不做老大也很好。"综合这些因素，团队格外适合用来在短时间内解决复杂的问题。

相比于一般团队，伟大团队不官僚。才华超人的下属经常不能容忍没有才华的中层主管。伟大团队的结构并非按职衔分配，而是按照角色来分配。最善于处理某些重要事务的人才配当主管。**不过伟大团队很少是真正的民主组织。他们几乎都有强势的领导者、一个让计划按部就班的人。**克林顿在面对同僚时，必须扮演非比寻常的角色。任务之一是作出"伤人的决定"，而这种决定牵涉自己与家人。克林顿即使不想听，也得听幕僚说话，他听到的是忠言——即使并不中听。

关键决定

总统候选人是民众心目中的理想人物，也是个活生生的人。克林顿固然有缺失，他的部属却因这位领导者而走运，因为他肯倾听和学习。

① 汤姆·佩蒂（Tom Petty），成立 20 年的伤心摇滚乐团的主唱、吉他手、口琴手。——译者注

当他 1980 年意外输掉州长宝座后，他的对策是坐上车跑遍阿肯色州，弄明白自己何以被赶出州长办公室。他不单听取了许多选举人严厉的批评，也做了一个很重大的决定：**改变自己的行为**。比方说，他把头发剪短，不再反对死刑。当克林顿夫妇发现选民讨厌希拉里冠上娘家姓氏时，希拉里便在公开场合改称自己为克林顿夫人。

在 1992 年的竞选中，克林顿虽然不乐意，还是勉为其难地接受了幕僚的意见——希拉里可能引发不良反应，应当暂时减少曝光。而克林顿虽然不愿意公开谈论私事，但还是接受建议，叙述了个人往事（包括他暴虐的继父）。克林顿深爱探究各种复杂的可能，但他却接受建议，让选举信息保持单纯和独立。

领导力箴言
ORGANIZING GENIUS
THE SECRET OF CREATIVE COLLABORATION

相比于一般团队，伟大团队不官僚。不过伟大团队很少是真正的民主组织。他们几乎都有强势的领导者、一个让计划按部就班的人。

克林顿还作出一项重大决定，那就是邀请阿尔·戈尔（Al Gore）加入，担任副总统候选人。克林顿先前考量过马里奥·古奥莫（Mario Guomo）、比尔·莫耶斯（Bill Moyers）和约翰·斯卡利（John Sculley）担任他的竞选搭档（斯卡利因为被发现结过三次婚而遭否决），结果克林顿选定田纳西州参议员戈尔，一个颇像政治家的人。这个选择推翻了副总统候选人应该尽可能不像总统候选人，以便平衡选票的传统观念。戈尔出生于美国南部，年纪和价值观都和克林顿不相上下。结果这项选择对竞选影响重大；借着选出一个比克林顿更适合当总统的人当副总统，使大众认为克林顿不是太有自信就是太有原则，才不愿挑选二流角色当副手。这个行动真是聪明绝顶，克林顿立即在许多先前持怀疑态度的人心中有了总统身价。

身为候选人的戈尔一向有着“死板”的恶名，曾因跳了一曲马卡莲娜舞而沦为笑柄。但他在1996年大选中，却成功驳斥了人们对他的讪笑。不管怎样，戈尔在电视辩论中，与布什副手丹·奎尔（Dan Quayle）、裴洛副手斯托克代尔[①]交手时，都表现得非常出色。布什的幕僚在1992年即劝说布什抛弃奎尔，布什却坚持不换，不顾奎尔极端保守、聪明有限的名声[②]。根据最后分析，很可能是因为克林顿选中戈尔，选民才阵前倒戈的。

在选前几周，号称是“第一个千里”的巴士之旅创举中，克林顿与戈尔的确表现得十分有默契，展现出候选人人性化的另一面。巴士之旅与其他行动一样，都是集体合作的成果，提出这个点子的是选举经理戴维·威廉（David Wilhelm）。在大选期间，克林顿经常要仰赖许多熟悉媒体的演艺人士帮助。巴士之旅就是由好莱坞制片莫特·恩格尔伯格（Mort Engelberg）筹办的。

克林顿与戈尔带着家人，搭乘巴士前往多年没有任何候选人到过的地方，深入“美国小镇的心脏”。数以千计的百姓齐集，会见这位答应要将国家还给人民的人。这位可能当选总统的人，与肯尼迪差不多年轻，在巴士上与妻子谈心，喜欢摇滚歌手邦尼·雷特（Bonnie Raitt）。他不但把婴儿抱在怀里，而且似乎不在意婴儿吐奶在他昂贵的蓝西装上。在克林顿身上找到希望的人发现，克林顿在大选前最艰辛的几周，似乎表现得精神奕奕。他在赶路途中说：“看看他们的脸，他们正在做一件许久未做的事：重塑信任。”

---

① 詹姆斯·斯托克代尔（James Stockdale），一位英勇、有学问，却不怎么上相的海军上将。

② 奎尔的公关人员在马铃薯这个单字后面加了一个“e”，使所有笑星都欢天喜地地大力嘲讽。

善用媒体

曾参与克林顿1992年与1996年加利福尼亚州选举的白宫职员约翰·埃默森（John Emerson）在接受采访时指出，如果你太专注于作战室和其中的明星人物，就会忽略促成当年克林顿获胜的其他要因。照埃默森的说法，克林顿在许多州的表现都是第一流的。候选人、作战室幕僚，及其他帮助全国大选的团队成员，总是负责决定当天要散布什么消息，但要有效地传达则要仰赖媒体。而媒体总是想控制消息，因此多少会被迫报道候选人希望被报道的事，这一点是克林顿向共和党学来的。“里根在1984年就做得很成功。”埃默森说。不过他把克林顿在1992年的选举形容为：“民主党大选首度让消息称王。”

媒体一旦获悉当天的消息，就可以凭自己的判断去强化。埃默森复述，在加利福尼亚州他们利用奎尔攻击埃迪斯·伯根（Candice Bergen）主演的电视喜剧《风云女郎》（*Murphy Brown*）[1]，而在全国各地举办支持“风云女郎”的大会。《今日秀》（*The Today Show*）节目的摄影团队即参加过数次，把这个原先有利于共和党攻击自由价值论的机会，转变得对克林顿有利。埃默森说：

> 我们永远留意这种机会。这个选举可以说是中央集权，也可以说是非中央集权，我认为这正是它的神奇所在。

细数功臣

埃默森又列举了几个过去被忽略，但却促使克林顿在1992年得到胜

① 《风云女郎》，一位电视女主播兼单亲母亲的影集。——译者注

利的因素，其中包括了在作战室里只是一个小角色的全国竞选主席米基·坎特（Mickey Kantor）。埃默森表示，其实坎特做了重要的贡献——包括“募款”，以及让电视辩论的模式有利于克林顿。埃默森说，最成功的一点是那场辩论办得有点类似《唐纳休谈话秀》（*Phil Donahue Show*），克林顿可以说话，但布什却只能坐在那里对一个女人说“我不懂”，一面低头看腕表。

领导力箴言
ORGANIZING GENIUS
THE SECRET OF CREATIVE COLLABORATION

伟大团队的领导者都深具信心，能吸引比他们更优秀的人。

埃默森还提到竞选主任伊莱·西格尔（Eli Segal）与戴维·威廉提出的资源分配策略。埃默森解释道：

> 在过去，候选人会购买全国电视时段，以致无论你住在哪里都会看到电视广告。这次选举买下的是地区时段。也就是说，如果我们在加利福尼亚州领先 15 点，就不需要另外增加边际成本让我们的节目在加利福尼亚州播出。广告应该用在真正需要的战场。同样的，假如得克萨斯州落败了，又何必浪费钱和时间在那里。

埃默森最后说，你不能小看候选人装满媒体人的飞机。如果候选人当天的“消息变质”，或者把某件事处理得一团糟，立刻就会成为当日新闻，不论全国竞选总部采取什么决定都再也不管用了。作战室自然是“选举的焦点”，埃默森说：“不过它也只是 5 大要素之一。”

仿佛夏日之恋

伟大团队吸引人之处即在于它的“紧张氛围”。卡维尔与克林顿麾下其他成员都提到，在总统大选时那股近乎性感的刺激。竞选总部充满激情、恐惧和其他紧张情绪。偶尔也会有真正的性关系，不过它们极少会使成员分心忘记神圣的目标。在大选的几个月，现实世界似乎距离他们十分遥远。我们永远无法知道伟大团队中有多少成员是为了避开较传统、较不强烈的关系和责任（包括照料子女、与配偶的互动），而留在团队中。当伟大团队的成员回顾以往时，必定会想起每一分钟的细节，并且以回忆美妙短暂的恋爱的口吻去回味。“那是一段夏季之恋，”韦斯特在《新机器的灵魂》中，谈到引导数据通用计算机计划的过程，“不过没关系；夏日恋情总是一辈子最精彩的。”**伟大团队中发生的永远是七彩缤纷的故事，之后，人生则变得像黑白电影一般无趣。**

克林顿 1992 年的当选，造就了卡特[①]以来的第一位民主党总统，而且唤醒（不一定持久）了举国的乐观。当斯特凡诺普洛斯回顾这段艰困过程时，只记得其中的欢乐，而非永无休止的压力和一天工作 16 小时。胜利之夜，斯特凡诺普洛斯感谢克林顿，并对他说：“这是我做过最棒的一件事。”卡维尔则为克林顿的胜利，以及自己鞭策一群年轻战士的本领而感动落泪。他们完成了一件壮举，卡维尔对部属说：“我们改变了大选形式！”说完，就被激动的情绪淹没。一向有话直说的卡维尔，终于找到了完美的字眼，来描述这场化漫长艰辛的竞选为神圣任务的大事。他说：

> 有一条简单的教义，除了爱，他们所能付出的最神圣的东西，就是他们的劳动。

① 吉米·卡特（Jimmy Carter），1976 年当选第 39 任美国总统。——译者注

新总统上任

克林顿在 1992 年的总统大选是历史性的胜利，也是创造性集体合作的精彩范例，但是他任职总统的头几年却不大顺遂。一如由南部州长跃升为总统的卡特，克林顿与许多随他进入白宫的竞选伙伴，被视为对华府一窍不通，不善于它特殊的运作方式，且对以时间为重的种种仪式和特权阶级毫不敏感。而克林顿在医保改革和其他政策上的挫败，使得一位出身常春藤盟校的政治学家将克林顿的前半段执政称为“外行人主政两年”。共和党在 1994 年国会大选中的大获全胜，也被普遍认为是对新总统的不接纳。

“克林顿是历史上第一位没有享受到蜜月期的总统。”埃默森为总统辩解。国会中的共和党成员等于是对白宫加了一道锁，他们一开始就对总统发动攻击。照埃默森的看法，更糟的是：克林顿缺乏本党立法者的支持。这些人可能只艳羡他坐上国家最高宝座，有些人则觉得自己官位太低。第一次当总统的人当然需要时间才能得心应手，进而如鱼得水，埃默森如是说。这倒是公平的说法。一项调查发现，每家医院的管理者都需要 18 个月，才能对这份要求不那么高的工作感到适应。一如法国陆军元帅马歇尔·福克（Marshal Foch）观察：“要阵亡 18 000 人，才能产生一个将军。”

埃默森承认新诞生的克林顿政府偶尔会沟通不良。他认为，他们最大的失误是错估了华府强大的新闻媒体，他们对无法自由获取白宫信息而作出的反应。埃默森也相信克林顿面对军中同性恋议题时，得到幕僚的不当建议（埃默森暗示，共和党成员引导媒体将议题强加于克林顿，这点使得新总统被认为是“伪君子”）。

问题其实显而易见：克林顿在竞选期间把期望值提升得太高，一旦入主白宫却很难达成，而不得不放弃。管理国家和赢得大选是截然不同的。曾任纽约州长的古奥莫说过："大选是一首诗，主政则是散文。"主持政务不但需要截然不同的技巧，更需要不同的人事作风。在作战室意气风发的人，很可能对无情的例行性政务穷于应付。更严重的是，大选的激烈情势很可能耗尽了参与者的元气。

连任竞选

克林顿在1996年竞选连任时，面对了与1992年完全不同的挑战。身为现任总统，他几乎不能疾呼"彻底改革"，否则就是推翻自己的政绩；也不能再自比为政治圈外人。所幸的是，克林顿在党内没有任何对手，这使他成为自肯尼迪以来第一个尽享优势的候选人。更甚者，共和党在鲍勃·多尔（Bob Dole）出线前，几个候选人早已把彼此摧毁殆尽。多尔是个缺少领导者气质的候选人，投入选战的资金很少，更何况他73岁的高龄令人生畏，入主白宫实在太老了。此外，他和共和党发言人纽特·金里奇（Newt Gingrich）不和也是一项不利因素。不过他展现了惊人的拼劲，选择竞选搭档时十分睿智，就和克林顿在1992年一样。他选定的对象是杰克·肯普（Jack Kemp）。这位前住房与城市发展部（Housing and Urban Development）部长是个受欢迎、能干、活力充沛的人。由于他与预算当局有长期交情，因而能协助多尔加强减税的主要政见。肯普也曾是全美美式足球联盟的四分卫，因此喜欢在选举活动中投掷足球（多尔的部属表示，幸好肯普的运动项目不是标枪）。

随着大选临近，连日益增长的美国经济似乎都在"声援克林顿先生"，这是英国记者的说法，虽然克林顿绝非赶鸭子上架的总统。但总统的财务状况可能出了问题，对希拉里在白水（Whitewater）土地交易案的调查，也始终未能平息。到了 1996 年，克林顿决定避开布什 1992 年犯过的错误（“不过就是连任罢了，傻瓜！”是当时内部人士的常用语）。克林顿和布什不一样，他知道竞选绝不是“为期两个月的短跑”。他很早就开始部署了——在 1995 年年中，克林顿每星期都会有一个晚上在白宫住处和高级幕僚商议对策；从 1995 年到 1996 年，在共和党保守派偏右的大环境下，克林顿越来越将自己修正为中间派（在某些人心目中，他们认为克林顿太过偏右）。过去的演讲撰稿人保罗·贝加拉（Paul Begala）就曾如此公开批评，因此被摒除在 1996 年的连任竞选阵营之外。

根据《洛杉矶时报》华府分部主任多伊尔·麦克马纳斯（Doyle McManus）的看法，投入 1996 年选战的克林顿扮演的不是改革者，而是调解者。他在 1996 年国情咨文中宣布：“大政府的时代已经结束。”他推翻了过去的立场，转而支持平衡预算。在大选前几个月，他似乎沿用了许多共和党的议题，包括强调“家庭价值”。一些支持者发现，总统渐渐偏离医保等问题，转向右派人士的华丽夸张，以显现他的政治智慧。其他人也看到了，尤其是在克林顿决定删减帮助穷人的联邦计划时，他们认为这是在否决民主党政治的灵魂和精髓。

领导力箴言
ORGANIZING GENIUS
THE SECRET OF CREATIVE COLLABORATION

> 伟大团队中发生的永远是七彩缤纷的故事，之后，人生则变得像黑白电影一般无趣。

尽管 1992 年的竞选组合十分成功，克林顿却为 1996 年的选举征召了一批截然不同的人士。斯特凡诺普洛斯留任，但他没有说服克林顿采取1948年杜鲁门[①]“要他们好看”的竞选方式来攻击共和党。民意调查主任不再由格林伯格担任，据称是因为总统觉得他没有让总统做好准备，而造成1994年国会选举大败。取代格林伯格的是民调专家马克·佩恩（Mark Penn）和道格拉斯·舍恩（Douglas Schoen）。亨利·山可夫（Henry Sheinkopf）取代曼迪·格伦沃尔德（Mandy Grunwald）担任媒体顾问，后来又换成鲍勃·斯奎尔（Bob Squier）。

到了1996年夏季，每周在椭圆形黄厅会面的幕僚人数增加到24人。副总统是这个选举会议的关键人物，白宫幕僚长利昂·帕内塔（Leon Panetta）、副幕僚长哈罗德·伊克斯（Harold Ickes）也同样重要。1992年出尽风头的卡维尔并没有参与。而在这个会议中最具争议性的人物是迪克·莫里斯（Dick Morris），他原先不是这方面的顾问，而且最初还是民主党员，近期则担任过共和党幕僚。

莫里斯在1982年的州长选举中，帮助年轻的克林顿东山再起，夺回1980年失去的州长宝座。但是克林顿与莫里斯水火不容，不但不止一次地赶他走，据说有一次还挥拳揍过莫里斯。不过在民主党大会前几个月，总统越来越仰赖莫里斯，使他的自由派幕僚大惊失色。莫里斯协助总统打造他的新三角策略，目的是吸引更广大的选民，包括保守派在内。

即使批评莫里斯的人都赞扬他是将民意调查资料有效转为政治主张的天才。不过许多观察家对他经常转换立场的做法感到困扰。某些支持克林顿的人（包括白宫内部）对1994年发生的事件都甚感懊恼：莫里斯

① 哈里·杜鲁门（Harry S.Truman, 1884—1972），第33任美国总统。——译者注

在共和党候选人拜票之际，既批评总统政策，又挑剔他的人格。而令某些自由派民主党员觉得更严重的是，莫里斯什么事情都做得出来，包括利用种族紧张状态争取胜选——据说他在担任北卡罗来纳州共和党参议员杰西·赫尔姆斯（Jesse Helms）的幕僚任内，就做过这样的事（莫里斯对两项指控都予否认）。

领导力箴言
ORGANIZING GENIUS
THE SECRET OF CREATIVE COLLABORATION

伟大团队的特质：精力充沛、险中求胜、混乱但高效的作战室、青春般的乐观情绪，以及坚信改变世界的团队合作。

莫里斯与曝光度高、喜欢穿破牛仔裤、出言剽悍的卡维尔完全不同，他衣着整洁、不引人注意。他是宫廷内的政治人物，活跃于内廷，只向总统或总统夫人报告。莫里斯的低姿态和他在大选中的角色于 1996 年 8 月 29 日骤然而止，此时总统正要接受民主党在芝加哥的提名。莫里斯辞职的原因是，这位负责第一家庭亲和形象的已婚顾问，被指控和妓女暗通款曲长达一年。最令人震惊的是，莫里斯让她偷听自己与白宫的对话。莫里斯既不承认也不否认这桩由超市小报《明星报》披露的丑闻。莫里斯的辞职对克林顿当晚的演说似乎毫无影响，克林顿在演讲中要求选民让他成为“通往 21 世纪的桥梁”，这是他在大选期间一再重复的用语。而莫里斯立刻将自己的处境做了最有利的运用，在一周后宣布签下 250 万美元的出版合约。

选战结束之后

克林顿在 1996 年的幕僚组合，虽然赢得了选战，却缺少他在 1992 年大选中获胜的伟大团队的特质：**精力充沛、险中求胜、混乱但高效的**

作战室、青春般的乐观情绪，以及坚信改变世界的团队合作。参与集体合作的人要做的是未来的事，而非旧事重演。早在选民 1996 年投票前，媒体顾问斯奎尔和其他人便已着手进行一项全新的计划，这项挑战是任何竞选连任活动所没有的——那就是让副总统戈尔在 2000 年当上总统。

“

WARREN BENNIS

THE SECRET OF CREATIVE COLLABORATION

约翰逊的下属将名称自封为“臭鞋计划”17 年后，臭鼬漫画的出版商禁止洛克希德飞机公司继续使用这个名称，于是小组在 1960 年将其更名为“臭鼬计划”，并把名称和商标都注册了，那是一只鼻子上翘的俏皮臭鼬。约翰逊老迈后，心智与其他方面都日渐衰退。他在 1990 年去世时，洛克希德的内部刊物用一整页篇幅悼念他，上面写着：“再见了，约翰逊！”一旁站着一只脸上淌着泪珠的臭鼬。

”

ORGANIZING GENIUS

THE SECRET OF CREATIVE COLLABORATION

05

“臭鼬计划”与隐形飞机

洛克希德飞机公司

领导人，而不是驱使他们。

——克劳伦斯·约翰逊

Great Groups think they are on a mission from God.

伟大团队认为他们在执行神圣使命。

洛克希德飞机公司这个“臭鼬计划”的名称，灵感源自隔壁塑胶工厂发出的恶臭，没想到它竟逐渐成了机密、突破性技术研究的同义词。

“臭鼬计划”的联合创始人克劳伦斯·约翰逊（Clarence Johnson）和继任者本·里奇（Ben Rich）在个人自传中，大致叙述了同一个故事。当时已经是飞机设计传奇人物的约翰逊，在1943年受命发展美国的第一架喷气式战斗机，对抗威力巨大的德军轰炸机。约翰逊坚持认为此项工作必须迅速完成（这也是唯一可行的方式），于是他说服洛克希德的老板在公司内部成立一个最高机密部门，由一小批精挑细选的工程师、设备师组成。之后，约翰逊获准进行一项秘而不宣的实验计划，避开公司官僚体系，只对最高管理层与其客户美国空军负责。当时洛克希德位于伯班克的工厂，挤满了工人与设备，24小时忙着制造军用飞机。但约翰逊却设法在工厂风洞旁找到一小块地方，容纳23位精英工程师，加上他自己和30名支持人员一起努力。他们用装引擎的木盒制造临时隔间，并向马戏团租帐篷当屋顶。由于工作实在太机密，他们既没有门房，也不用秘书。参与者的子女长大后，甚至不知道父亲当初做过什么事。

“臭鼬计划”的起源

“臭鼬计划”这个名词来自一份幽默画报。足以媲美当年政治漫画名家加里·杜鲁多（Garry Trudeau）的阿尔·卡普（Al Capp），为他颇受欢迎的漫画《利阿布纳》（*Li'l Abner*），创造了一个名叫印第安·乔（Injun Joe）的角色。印第安·乔用臭鼬、旧鞋与其他非正统的配方，调配出一种特别强劲的私酒——奇卡普欢乐汁（Kickapoo Joy Juice）。那台蒸馏器则称为“臭鞋机”（Skonk Works）。而约翰逊的团队成立后不久，成员之一的卡尔弗（Irv Culver）在接电话时说：“臭鞋机。”易怒的约翰逊一听见这句话就要把卡尔弗开除，但这个名称却保留了下来，卡尔弗也继续在他称之为臭鞋机的地方工作。洛克希德的臭鞋机领军人是33岁的约翰逊，目标是在180天内设计出美国第一架喷气式轰炸机。全体成员没日没夜地赶工，在期限截止前37天制造出P-80流星原型机。虽然第二次世界大战在这架飞机批量生产前就结束了，不过P-80却是朝鲜战争时期美军采用的战斗机。

17年后，约翰逊下属自封为“臭鞋计划”的名称被出版商禁止使用，于是团队在1960年更名为“臭鼬计划”，并把名称和商标都进行了注册，那是一只鼻子上翘的俏皮臭鼬。约翰逊年迈以后，智力与其他方面都日渐衰退，他在1990年去世时，洛克希德飞机公司的内部刊物以整页篇幅悼念他，上面写着：“再见了，约翰逊！”一旁站着一只脸上淌着泪珠的臭鼬。

臭鼬计划在一扇没有标示的门后面展开，制造出了最杰出的飞机。革命性的产品包括：

- 美国第一架超音速喷气式战斗机F-104星式战斗机。

◆ 最高机密的 U-2 长程侦察机（这架侦察机被苏联击落之后，才公之于世）。

其他由臭鼬计划制造出的飞机有：

◆ SR-71 黑鸟侦察机（以三倍于音速的速度飞行）。
◆ 在波斯湾战役中出尽风头的 F-117A 隐形轰炸机（一名飞行员谈到对巴格达的那次突袭："我们总是吹牛：告诉我要击中男厕还是女厕就行了，我们都可以照办！"）。

伟人约翰逊

臭鼬计划的开创者约翰逊，至少是两方面的伟大领导者："设计飞机"与"组合天才"。他似乎本能地知道，有才华的人需要如何发挥全力、确保理想成品能快速而廉价地生产出来。约翰逊写下了 14 条规则，他的航空实验室就是靠这些规则取得卓越成就的。它们适用于每一个伟大团队，而且应该再三强调。诸如，给团队领导者绝对的控制权，限制参与权只在"少数人"身上（约翰逊在比较不谦虚时，说他们是"伟人"），把局外人隔离在外。已故的里奇在 1991 年退休离开臭鼬计划时表示：

> 我们的生存依赖于约翰逊 40 年前写的 14 条基本规则，虽然当时他写下的时候，是在半醉半醒之间。

约翰逊长得有点像是谐星菲尔茨（W. C. Fields），他绝非完美的领导者。他脾气火暴，下属经常被他吓得半死，而且年纪越大越暴躁——包括空军主要决策者在内的一些最重要的客户，都拒绝和他接触。最后他变成洛克希德飞机公司的包袱，却也是传奇。不过约翰逊具有一些伟大团队领导者所具备的特点。**他追求卓越，因此对天才慧眼独具。也因为了解天才如何工作，所以能塑造环境让他们一展所长。**

光荣使命

受邀参与臭鼬计划是一项殊荣。成员“小黑”山连恩（H. S. “Blackie” shanlian）在 1984 年写信给作家彼得斯时提道：

> 约翰逊只要最优秀的人加入，并告诉对方他是最棒的，所以每一个被征召的人都努力实践约翰逊对他的信念。

韦斯特在 20 世纪 70 年代末期，在数据通用公司组成老鹰计算机制造团队时，也采用了类似做法。韦斯特和艾尔辛中尉对可能人选清楚表明，只有最优秀的人才配参加。征召负责人所提出的并非高薪和其他传统诱因，而是两件事——“辛勤地工作”和“发展出一台创新计算机的机会”，它会“跑得好像被强暴的猿猴一样快”。“有点像在招募自杀任务团队，”艾尔辛回忆，“你一定会死；不过，会光荣地死。”

领导力箴言
ORGANIZING GENIUS
THE SECRET OF CREATIVE COLLABORATION

“签订契约”这个观念几乎在所有伟大团队都会发生；承诺个人会竭力让计划成功执行。

凡是被网罗加入老鹰计划的人，都必须向公司作出个人承诺，这个过程被韦斯特认为是“签订契约”（Signing up）。不过它并不是真正的签约。**“签订契约”这个观念几乎在所有伟大团队都会发生；承诺个人会竭力让计划成功执行。**这种誓词或宣言往往隐而不宣，几乎永远不会被推翻，因为它并非强制规定，而是经由了解计划必须全力付出的人所自动提出的，相信值得自己付出这么多努力、时间和才华。伟大团队会尽其全力让他们的新技术或电影达到完美。不这么做就是违反个人诚信，推翻了对自己的承诺。

高效合作，忠于使命

被约翰逊或韦斯特相中的人，其卓越能力都会受到公开肯定。这些中选者在别人及自己眼中，都是创意精英组织内的一分子，好比哈佛大学研究员（Harvard Fellows）或是麦克阿瑟基金会（The John D. and Catherine T. MacArthur Foundation）天才奖[①]得主。身为精英团队的一员，就必须克尽义务，他们就像身份尊贵和得到特殊奖赏之人一样，会受到更多期待。这可能就是伟大团队的内部冲突比一般团队少的原因。被一个外在计划所环绕，是另一理由。没有这样的计划，这群智慧高超的人会和任何团队的人一样爱搞内讧，黑山学院就一再证明了这一点。**当人们能肯定自己的卓越能力时，就会把许多工作场所发生的恶意中伤、欺瞒争宠等琐事视为无足轻重。团队内其他成员的杰出表现，也会促使彼此互相尊重。**

以帕洛阿尔托研究中心的科学家为例，他们经常在周会中发生意见分歧，吵到面红耳赤，不过他们了解这是在最杰出的科学同事间，因意见真的不和所致。他们认为歧见必须提出，才能形成大家的共同目标，进而发明新的运算方式。这种气氛若能适当营造，辩论就会变成利器，而不会引起严重的后果。

① 麦克阿瑟基金会天才奖，被视为美国跨领域最高奖项之一。该奖创立于 1981 年，旨在表彰在社会发展中发挥重要作用的创造性人才，获奖者一般被看作该专业领域内的领军人物，每年评选各领域 20 名至 25 名杰出人士，并在 5 年中给每人提供总额 50 万美元的奖金，让他们能更自由地继续探索。——编者注

帕洛阿尔托研究中心的领导者泰勒擅长利用一种特别巧妙的方式解决这种冲突。他采用一种调解模式，消除冲突中分出输赢的因素，代之以澄清事实的目标。他劝大家避开他所谓的“第一级分歧”，也就是双方都不描述对方立场的情况，转向“第二级分歧”，也就是双方互相阐明对方的立场。泰勒也许只是精明地运用了“认知不协调原则”（这种观念深获洗脑者所爱；也就是说，你最终会相信自己所说的话），不过这套方法经常很有效。这种互相尊重的模式，消弭了火暴的争执，让相持不下的众人找到共同立场。这种理性的技法，使组织成员以成熟的合作化解冲突，而且适用于任何团队。

领导力箴言

ORGANIZING GENIUS
THE SECRET OF CREATIVE COLLABORATION

伟大团队的成员坚信可以创造他人未曾创造的伟业。

臭鼬计划的最重要的先决条件是要“守口如瓶”。它开始进行的时候，是在第二次世界大战时期，而且整个令人神经紧张的冷战期间都在进行，保密被视为维护国家安全的必要条件。苏联解体后，臭鼬计划才算开始解禁，里奇也得以著书介绍自己的成就（书名即为《臭鼬计划》）。里奇写道，这真是一种解脱，“不必再装聋作哑，好像运气不好的犹太教士，在安息日当天，一脚踩进窟窿”。后来，约翰逊或里奇御笔钦点的人选，因为在身家调查时找出一些有问题的亲友或助理，偶尔必须有一两个人退出。20 世纪 90 年代中期，当臭鼬计划正在将革命性的隐形技术修正至完美时，他们制作了一个咖啡杯：杯上的图案是一团云，云的一端冒出新飞机鼻翼，另一端则是臭鼬的尾巴。但这杯子不用时，必须锁起来，以防有人未通过安检，无意间瞥见这项机密。

不论这种保密做法能起什么作用，工作本身倒是带有“不可能完成的任务”的刺激感。身为信息独享的核心人员，怀有世人不知情的秘密……此种美好滋味也是一股强大的社会凝聚力。1955 年夏季，当你在商店货架上找不到杀虫剂菲利特（Flit）时，只有臭鼬计划成员及不到 5 个人知道原因，因为它被用来作为新间谍飞机 U-2 的低燃点燃料。**许多伟大团队其实不需保密，却还是故作神秘。**例如，韦斯特就规定他的组员宣誓绝不泄漏工作，严禁大家在团队外提到“老鹰”这个名词。在 NeXT 计算机公司，创始人乔布斯坚持在团队内部必须格外开放，但又扬言如有丝毫情报外泄，将立即终止这种内部坦白。

严肃紧张，团结活泼

约翰逊的优点当中，有一点是能够“完全掌控下属认为重要和不重要的事”。他们大都是痛恨文书工作的工程师和万能先生，所以他把这样的工作减到最少，只需上交极少的报告（因为必须追踪记录和防止机密外泄）。唯一的例外、也是约翰逊 14 大规则之一 —— 所有重要成果皆须完整记录。

为约翰逊工作的另一个好处是“穿着随意”。在那个人人都需要上班穿整套西装的年代，约翰逊让他的部下不必穿西装、打领带。这项特权看似微不足道，实则引起热烈回响。从美国职场上热烈响应“随兴的周五”即是明证。领带是丧失个人自由的屈辱表征，而更有甚者，是在上衣口袋绣上名字。不过每个美国人都知道衣着符号代表的是社会秩序的一种形式——令人不快地联想：老板不但能叫你做事，还管到你的服装，简直和爸妈一样。允许工作人员随意穿着，立刻强化了同事间的关系。伟大团队可以创造自己的制服，如黑山学院的凉鞋、麦金托什计算机的

T 恤。在上述情况下，衣着有助于组织形成。不过有才华、有独立思想的人总是喜欢自己做决定。既然他们拥有非比寻常的想象力，当然也可能喜欢自由选择穿着，只要他们愿意。

伟大团队的工作时间漫长得令人难以想象，而且还经常要面对极大的时间压力。**因此领导者的责任就是减少压力，而非增加压力。**即使在第二次世界大战期间，奥本海默和约翰逊也坚持让疯狂工作的下属周日放假。

伟大团队在工作时，状似着魔，但总有办法从中找到乐趣。约翰逊会特别邀请所有设备师和工程师，参观臭鼬计划新飞机的处女航，然后举行庆功宴。约翰逊在他的自传中回忆 U-2 首航后，“我们所有人都以啤酒大赛和比腕力等方式庆祝”。约翰逊这个自青少年时期即开始从事建筑劳动的人总是能获胜，不只因为他是老板。

里奇是在 1954 年被约翰逊吸引进来的。他还记得自己参与臭鼬计划的那几年，既有成就感，又充满了青少年的高昂士气。“我们大部分时间，就像大二学生一样忙得晕头转向”。男孩把美女海报钉在墙上做装饰，一旦有中情局或臭鼬计划的客户等大人物来访，海报便立刻翻面，露出鸭子之类较为一般人所能接受的图片。里奇因为在同事闹着比臀部大小的即兴游戏中荣膺冠军，而获得“宽臀”绰号——大家都是工程师，所以用来量臀宽的工具是弯脚规。里奇在 1975 年被约翰逊选中当继任者时，还故意取了个孩子气的名字本·多弗（Ben Dover），当他因最高机密出差时，就用这个化名。

这些轻松的幽默反映出：**解决问题可以是件愉快的事。**投入集体合作而成功的人，会因为大脑内啡肽的分泌增加，而得到立即的回馈。这种感觉有如赛跑者的高亢，或性关系之后的美妙感觉。难怪伟大团队喜欢打水仗、猛灌啤酒、拼腕力……因为他们感觉很棒。

伟大团队的沟通多半不需要言语。成员都太了解共同愿景了，不需要靠语言来交流。员工之间固然不必说什么，就能一起合作解决问题，但他们还是有自己的语言。**团队成员就像双胞胎一样，有专属的语言，把外人隔绝在外，并表明他们具有共同的身份。**

约翰逊下属为各种事物分别取了不同的绰号，"臭鼬计划"本身就是一项发明。在约翰逊领导下，艾森豪威尔总统被称为"飞毛腿冈萨雷斯"①，而约翰逊则认为艾森豪威尔优柔寡断。数据通用公司属于韦斯特的团队中，一群计算机黑客创造了更隐秘的内部语言形式，称为"鹰语"(Eaglespeak)。研发老鹰计算机的人表示，他们深恐自己的计算机无法比现存形式更先进，不想再增加另一个包袱。韦斯特认为创造一种次文化及加上自己的语言，并非伟大团队的典型现象，但也预言了他们终将成功。

> 只要大家能发展出自成一格的世界来，我想我们就几乎可以推断出这个计划会成功。假如你想测试这个说法对不对，就用能否发展出自己的语言来证明吧。

陋室荣光

约翰逊在筹组臭鼬计划时，完全不在意办公室外观或环境是否舒适。他最重视设计者和设备师是否并肩工作，在过程中提出建议和问题，以便当场调整原型。在臭鼬计划的办公室，桌子全挤在一起，这逼得某位工程师竖起一块标语："隐私糟透了。"但似乎没人在意，也许他们对任务的专注抵消了其他团队绝对无法忍受的事。里奇记得他早期的同事"都

① 飞毛腿冈萨雷斯（Soeedy Gonzales），以速度飞快著称的卡通角色。——译者注

年轻而士气高昂。如有必要，就算是挤在电话亭工作也丝毫不以为意，反正只要是设计制造飞机就行了”。他慢慢变得喜欢这种“贫民窟似的环境”，即使烟味到处弥漫也不要紧。

领导力箴言
ORGANIZING GENIUS
THE SECRET OF CREATIVE COLLABORATION

伟大团队在工作时，状似着魔，但总有办法从中找到乐趣。

伟大的事物在不堪的环境下成就，这种倾向值得建筑师和装潢设计师深思。似乎车库内有所控制的混乱场面，毫无愉悦可言的半圆锥形宿舍（类似第二次世界大战期间美军在亚太战场的营地），也可以激发出想象力。**恶劣的环境使工作者转而内省，面对问题与解决问题。**这样的场所，甚至连舒适都谈不上，却很少令人分心。办公室太过豪华、景观太过堂皇，似乎对创新的团队总有不良作用，其理由当然有待深究。恶劣场所几乎成了伟大团队的必备条件。超高技术（Ultra Technologies）公司总裁詹姆斯·莫克斯利（James E.Moxley）对公司草创期的荒凉回味无穷。他回忆他在柯达公司研发锂电池的分公司时说：

> 那是个酝酿事业的绝佳场所。那种气氛就是对味。没有暖气、没有空调、没有隔离屏风、没有铺地毯，灯光来源则是光秃秃的电灯泡。

对一个自我发明的团队而言，这个环境可谓近乎完美。想参加臭鼬计划的人，目的不在于办公室是否豪华，地位是否崇高，而是因为热爱工作。**伟大团队的成员即使拿不到报酬，也会做他们该做的事，并努力解决问题。**

挑战极限，理性创新

约翰逊之所以声名远播，是因为他能在预算内，准时交出极具创意的飞机。为了达到这个目的，他定期组合现存零件，直接取用架上物品拼凑成新设计（利用现有零件可降低成本，加速设计和成品完成的时间。同时，新诞生的飞机至少有部分零件是已知产品，在持久性方面不成问题）。不过他们在 1958 年开始设计 SR-71 黑鸟时，面临了全新的挑战。根据约翰逊的说法，黑鸟是臭鼬计划“历来最艰巨的任务”。这架飞机必须具有史无前例的性能，必须以三倍音速飞行，甚至更快；高度则必须保持在 24 300 米以上，不易让雷达侦测到；还要能做环球飞行，也就是说，它必须能在空中加油。要飞得既高又快，机上的每一颗螺丝钉和每一个系统都会暴露在空前的高热和各种压力下。而以往运用得非常成功的精简技术——包括拆用其他机型的零件等，这次都得放弃。

约翰逊写道：“这架飞机的一切都要重新发明，一切都要！”这表示结构性材料、制造技术、燃料、外漆、设计都得具有革命性。它有个讽刺的代号“牛车”（Oxcart），但却是第一架以钛金属制造的飞机——洛克希德飞机公司大部分透过中央情报局的前哨站，在苏联获得这种稀有金属。这架飞机的每一个设计和结构都导致一长串问题，而发明者却兴致高昂地以全新的办法解决了。虽然脑力工作很有意思，却也绝对严肃。每个人都知道只要计算一出错，飞行员就会命丧黄泉。由于一方面要让飞机不易被雷达侦测到，而另一方面又要有足够的翱翔升力，因此必须在机身增加大梁。“从正面看，它就像一条吞下三只老鼠的蛇。”约翰逊写道。创造者为材质所伤的脑筋，不亚于设计上的问题。比方说，当飞机在夏天制造时，翼板上的焊接点有时会失败，在其他季节制造就不会。工作人员仔细检查每一个环节，竟发现伯班克市的水质有问题。因为夏天的自来水中会添加大量氯气，以防藻类滋生（氯会破坏焊缝）。当焊缝用不含氯的水质冲洗时，问题便消失了。

1964 年问世的黑鸟，在 1990 年退役，它和在地面行走的丑陋牛车正巧形成对比。黑鸟可以在 25 900 米的高空每小时飞行 3 366 千米。有一次从洛杉矶飞到华盛顿特区，只用了 64 分钟。

解决与飞行相关的问题所产生的内在乐趣，是约翰逊退休后继续从事研究的理由。他在自传中提到，自己喜欢在游泳时自问："我如何从一无所有，造出一架飞机来？"

身为领导者，约翰逊的优势是能够辨别优秀与完美。臭鼬计划、迪士尼动画公司和麦金托什计算机团队，都是完全创新的组织，但它们并非智库（以制造新点子为任务）。这些伟大团队生产成品，而且在短时间内交货。苹果电脑公司的乔布斯有一句名言："真正的设计要有产品。"

约翰逊也相信飞机的设计必须高明，但不必太完美，否则将永远停留在绘图板上飞不起来。照约翰逊的观点，某些值得力求安全的事物绝不可马虎。例如，他替黑鸟制造了三套一模一样的系统，万一任何一套、甚至两套系统发生故障，都不至于使飞行员丧命。不过约翰逊与在他之前的托马斯·阿基纳（Thomas Aquinas），以及之后的乔布斯一样，知道不论多么出色的设想，有些东西的存在从本质上就好过其他东西。真正的工程师必须有成品。领军设计出黑鸟气门控制系统的里奇，记得花了 6 个月设计出只有七成效力的系统，又用掉 14 个月将效力提高至八成（该系统主要负责飞机史无前例的推进功能）。当系统效力达到八成四时，约翰逊决定到此为止，一如罗伊·迪士尼决定要让《白雪公主与七个小矮人》

的王子继续抖动一样。里奇写道：

> 我们的目标是达到雪弗兰的可靠性能，而不是奔驰的完美境界。如果八成效力就能做好一件事，何必卯足力气去拼出额外的两成，反而耽误时限。

伟大团队由于受到领导者的保护，因而对现实生活的紧急状况浑然不觉，大脑陶醉在发现新事物的美妙化学刺激中，耽溺于过程，打死也不肯接受不完美的解法。因此，领导者的重大任务就是让成员听到完美的呼声，同时不放弃递交成果——与政治一样，成功的合作关系是一门“可能与否”的科学。

U-2 隐形飞机的奇迹

约翰逊对臭鼬计划清楚表明：穿西装、打领带，去和华府大人物打交道的人是他，而不是属下。约翰逊与中央情报局（CIA）的理查德·比斯尔（Richard Bissell）交情匪浅。身为局长艾伦·杜勒斯（Allen Dulles）特别助理的比斯尔一向负责协调臭鼬计划，直到他于 1959 年被调离，筹划不幸的猪猡湾攻击事件为止。里奇形容比斯尔是政府单位中，开创臭鼬计划的人。里奇写道：

> 比斯尔是臭鼬计划的教父。他发动了 U-2 计划，让我们真正可以留下来干活。

洛克希德飞机公司在为中情局研发空军秘密武器这点上，也许令人不安。但不管围绕在它周围的政治多么恼人，U-2 仍是科技上的奇迹。这架隐形飞机原先由埃德温·兰德（Edwin Land）推荐给艾森豪威尔。这位拍立得（Polaroid）技术的创始人，发展出高分辨率的照相机。而超级镜片则是由哈佛毕业生，航天员吉姆·贝克（Jim Baker）发展出来的。洛克希德于1953年被委托秘密设计一种侦察机，它在高于2万米的空中飞过苏联，不但不会被侦测到，还能拍出前所未有的清晰照片。臭鼬计划的任务是设计并制造一架飞机，能飞到地面上绝对看不到机尾喷气烟雾的高度，续航力至少6 400千米，同时要有足够的稳定性，不会使侦查照片模糊。

当试飞员托尼·莱维尔（Tony LeVier）首次看到U-2蓝图时，形容它活像"一架该死的大飞鸟，展翼之宽我从未见过，简直像一座该死的大桥"。这架飞机的机翼展开有24米，打破了所有高度和范围记录。U-2最主要的功能是当作一台高明的照相机平台，它自1955年开始飞越苏联上空（正值美国儿童演习躲到书桌下，抱住脑袋，以防苏联核武攻击的时代）。将近5年的时间，空中照片为中情局和美国提供了有关苏联军事设施的详细照片，包括不断增加的导弹基地，以及其他无价之宝。根据前中情局局长理查德·赫尔姆斯（Richard Helms）的说法，制造U-2是该局最聪明的决定，"是冷战时代最大的胜利"。

领导力箴言
ORGANIZING GENIUS
THE SECRET OF CREATIVE COLLABORATION

领导者的重大任务就是让成员听到完美的呼声，同时不放弃递交成果。

在约翰逊的强势领导下，U-2集中数十位天才的合作完成了。从兀鹰造型到超级光亮的机身，皆是创新。在设计、测试和制造过程中，若有新问题发生（每天都会遇到），他们就找出富有想象力的解决之道。举例来说，飞行途中，引擎会把油喷到座舱挡风玻璃上。一位设备师便想出了一个非传统的应变办法：将卫生棉包在油管滤口附近吸油，不让它喷溅出来。

有个麻烦工作人员无法马上解决——苏联雷达要追踪飞机并无太大困难。连续好几年，苏联都无法找到武器射中这些高飞在上的巨无霸，不过只要它从上空飞过，他们立刻就知道了。为了减少 U-2 照相机所能拍摄到的内容，苏联便在这架侦察机下方编队飞行，约翰逊称它们为"铝云"（aluminum clouds）。不过到了 1960 年，不可避免的事情发生了。一架由弗朗西斯·鲍尔（Francis Gary Powers）驾驶的 U-2 飞越苏联上空 1.6 万米时，被一枚地对空导弹击落。约翰逊怀疑是鲍尔所驾 U-2 机尾的一枚电子黑匣子，让苏联逮到了这架飞机——它原先是用来混淆苏联导弹的。鲍尔没有用他随身携带的毒针自杀，反而选择被俘，这使赫鲁晓夫大为开心。这件事令艾森豪威尔很难堪，因为他长久以来一直宣称 U-2 只是负责搜集气象资料的空中实验室，而不是间谍机。飞越苏联上空的计划于是暂时喊停，鲍尔被送到莫斯科示众受审，被判以间谍罪名。不过 U-2 很快就有了新用途：飞越中国上空。它在 20 世纪 90 年代退役前，还用来搜集过伊拉克的军情。

两种领导风格

约翰逊与里奇的领导风格明显不同。一位和两人都合作过的中情局官员表示："约翰逊以坏脾气管理著称，里奇则喜欢讲差劲的笑话。"约翰逊喜欢说，他的管理哲学是"**领导人，而不是驱使他们**"。不过事实上，他经常蛮不讲理。他也是历史上最出色的飞机设计者。为他工作的人必须忍受他的暴躁脾气和性格缺失，但他们也知道，没有他就创造不出那些了不起的飞机。约翰逊和沃尔特很相像，都拥有弥补"人际技能"缺陷的天分。这是里奇观察的结果："为了取悦他和符合他的期望，我会变成原先绝不可能变成的人。”

不过，为约翰逊工作的人不只是依靠他树立起的惊人标准而已。约翰逊会竭尽所能保护属下不和公司高层主管纠缠不清，此外还有那帮统计专家，以及凡事照章行事、任意藐视创意团队、试图控制它，而让它受公司钳制的人。约翰逊的成就绝不仅限于创造臭鼬计划。约翰逊对里奇说，滴水不漏的安全措施价值至少有一项被轻忽了，那就是“让公司派站一边去”。同时约翰逊十分保护下属，务实地了解在公司内部维护臭鼬计划的利益。他争取到一席董事会席位，以便运作更顺利。伟大团队必须知道他们的顶头上司会像老虎一样为他们拼斗。这也是帕洛阿尔托研究中心最崇敬泰勒之处。有趣的是，韦斯特在数据通用公司为他的老鹰团队力拼时，却不愿告诉属下。理由是，如此一来会使他们不能专心。结果某些成员搞不清楚他整天都在忙什么。再加上韦斯特疏于和下属沟通交流，造成了同样的不快。

领导力箴言
ORGANIZING GENIUS
THE SECRET OF CREATIVE COLLABORATION

> 伟大团队的领导者有一个重要作用，就是控制压力。

约翰逊的下属还可以仰赖他的绝对正直。他条理清晰地拒绝制造他认为不可能成功的飞机，即使公司不接生意就会赔钱也在所不惜。当约翰逊认为组员无法制造出以氢气推进的飞机时，不但退还了空军数百万美元的经费，而且介绍鲍尔担任 U-2 的试飞员，这再次展现了他的正直。约翰逊相信有 5 件事是“人生真正重要的”：

- 上帝。

- 健康。
- 使命。
- 配偶。
- 尊重你的上司和为你工作的下属。

替约翰逊做事的人也许不大喜欢他，可是绝对有理由尊敬他。某些极富才华之人能为不正派，甚至纯属坏人的人效命①。不过，大部分天才都不愿服从一个不具高度道德感的人。天才，或只是单纯的卓越之士，他们的个人选择很多，何必追随一个不能信任或使你觉得污秽的人？

告别英雄

约翰逊一言堂式的领导风格，是他那个时代的作风，那是个尊重权威的时代，属下必须听命行事。约翰逊觉得没有必要向成员解释他的行为，权力也不与人分享，亦不在乎下属是否喜欢他，只要他们懂得敬重。"臭鼬计划"诞生于第二次世界大战期间，一个领导者可以颐指气使的时期。约翰逊的团队比任何团队都像社团，可是绝对没有民主。在今天看来，我们无法知道约翰逊的权威领导，会不会把"臭鼬计划"成员吓跑。但不论他多么强硬，创新机型依旧被不断地制造出来，使他变成了真正的传奇人物：他让埃尔哈特②明白，如何能使她在 1937 年的环球飞行航程扩增到最大；他也曾取消富豪休斯③管理飞行事务的权力，因为他认为休斯飞行不安全。

① 例如物理学的巨擘沃纳·海森伯格（Werner Heisenberg, 1901—1976），德国理论物理学家，奠定量子力学的基础，1932 年诺贝尔物理奖得主，并愿意为希特勒制造原子弹。

② 阿梅莉亚·埃尔哈特（Amelia Earhart），美国第一个环球飞行的女飞行员。——译者注

③ 霍华德·休斯（Howard Hughes），休斯飞机公司的创始人。——译者注

不过时代不同了，我们需要不同类型的领导者，约翰逊于是强烈推荐里奇接任。你也许会猜想他大概不会像设计飞机一样，以有条不紊、富有创意的解决方式挑选继任者。他当然明白里奇和自己差异很大。鲜少批评下属的里奇与暴躁的约翰逊恰成对比，他是个自成一格的四海人物，喜欢不断说笑，笑话都是他担任电视喜剧制作人的哥哥所提供的。里奇是个"对用户友善"的人，这是他自己的描述。他为人果断，可以让人剥一层皮，但是他也相信士气高昂的重要，而适当的赞扬则是无价的管理工具。为了增强领导力，里奇在1969年到哈佛商学院进修了13周的高级管理课程。约翰逊挖苦里奇，说他在哈佛学到的，只要在"臭鼬计划"中观察他自己就可以了。不过约翰逊也许体会到自己的管理方式已经过时了，专业管理的新时代正在萌芽。不论约翰逊多么不赞成，还是热烈推荐里奇，让他参加了哈佛的课程。约翰逊并不打算改变他的管理方式，可是等他65岁届龄退休时，他还是将他所深爱的"臭鼬计划"转交给一个以轻松方式管理伟大团队的人才。

里奇于1995年死于食道癌，享年69岁，是个才华出众的工程师，但却缺少约翰逊在航空方面的天分。他和许多伟大团队的领导者一样，必须借着指导他人的创意而产生创意，专业决定则多半由技术人员自己判断。一位计划督导人员形容：**"他是完美的管理者。"**里奇的贡献是：

> 让我们做自己的事，为我们摆平空军和洛克希德的管理层——如果我们搞砸了，他会保护我们，为我们找新的计划和更多的金钱，让我们活下去。

在里奇的领导下，"臭鼬计划"发展出革新现代战争的隐形技术。多年以来，"臭鼬计划"一直致力于让飞机不易被敌方雷达侦测到，不断改变机身造型和运用材质吸收雷达（黑鸟是当代史无前例的隐形机种）。里奇负责"臭鼬计划"仅6个月，他下属的雷达专家，30岁的德尼斯·奥弗霍尔泽（Denys Overholser）就向里奇提出一项成果，后来他称之为"突破隐形技术的'罗塞达石'"①。

里奇在《臭鼬计划》一书中提到，这个技术的关键在于一位苏联雷达专家乌菲姆采夫②10年前所写的一篇文章。奥弗霍尔泽向里奇说明，文中提到可以按一幅几何图形来精确计算出电磁波反射的多寡③。奥弗霍尔泽相信此文所列的等式可用来编写出一种计算机软件，以预先计算出不同设计的飞机在雷达上如何显形。当年的计算机技术仅能做到二维空间计算，但奥弗霍尔泽觉得这个瓶颈无法突破。他提出构想，建造一种完全由扁平三角形所组成的飞机。里奇立即看出这个想法的重要性，决定让"臭鼬计划"持续进行，设计出第一架造型怪异却无法被侦测出的飞机。

领导力箴言
ORGANIZING GENIUS
THE SECRET OF CREATIVE COLLABORATION

真正的袍泽之谊是伟大团队最理想的气氛，建立在共同完成任务的壮举上。

里奇给奥弗霍尔泽3个月时间编写软件。按照"臭鼬计划"最完美的做事方法，奥弗霍尔泽会同他已退休的80多岁良师比尔·施罗德（Bill Schroeder），在5周内完成任务。当里奇将这项计划推销给洛克希德飞机公司时，也设法进入国防部先进计划研究局去介绍这架隐形战斗机，而

① 罗塞达石（Rosetta stone），罗塞达在尼罗河畔发现的石头，成为解释古埃及象形文字的线索。——译者注

② 彼得·乌菲姆采夫（Protr Ufimtsev），于1990年成为加州大学洛杉矶分校教授。

③ 雷达为了找出一件物品的大小和位置，会发出电磁波来，再进一步分析反射回来的电磁能量。

奥弗霍尔泽则用他的计算机设计出一架在雷达屏幕上几乎看不见的飞机。里奇回忆，当时那架飞机好像是“一颗朝着四个方向倾斜的钻石”。奥弗霍尔泽戏称它为“绝望的钻石”（Hopeless Diamond）。

正如《臭鼬计划》一书所述，里奇逼问奥弗霍尔泽，飞机在雷达上的信号到底有多小。奥弗霍尔泽向他保证，这架飞机在雷达屏幕上将比以往的隐形机种小 1 000 倍。那么在雷达屏幕上会有多大？“和老鹰眼珠一样大。”奥弗霍尔泽回答。里奇将找出这种隐形技术的创新功劳完全归功于奥弗霍尔泽。不过对于这架造型怪异的飞机，里奇倒是吹了一点牛：是他想到这个高明点子，并推销给五角大楼（美国国防部）的。“这就是你们的飞机在雷达上的可见度。”他一面说，一面用手指推一颗球滚过桌面。

“臭鼬计划”一向以高度合作的方式发展出新型飞机，在过程中采取参与者的好建议——从工程师到试飞员都有。一架崭新、完全隐形的战斗机当然也不例外。挑战依旧处处可见。从飞机的尾管设计，到找不到经验丰富且能通过药物测试的航空工作者（44% 的应征者都无法过关）。飞机机型是其所以能隐形的最主要原因，但特殊的外漆及其他材料也能降低其可见度，机体上有一部分则涂着能够吸取雷达发出信号的油漆。在测试期间，这种漆忽然失效了，组员怎么也找不出问题的症结所在。随后，有个人通过和提供漆料的杜邦公司讨论，发现杜邦公司未经通知，就擅改了油漆配方。后来在制造阶段，遭到不明物破坏的状况显著增加。每当工作人员不慎在引擎内留下一颗螺丝钉，或有东西掉出口袋未能清理时，就会发生这种情况。结果他们想出的天才办法是：发给工作人员没有口袋的制服。

在奥弗霍尔泽把罗塞达石交给里奇 6 年后，新的 F-117A 隐形战斗机飞上了天。由于 F-117A 飞机太过隐密，停放飞机的机棚有时甚至挂着蝙蝠的破碎尸体，这些蝙蝠都是误撞飞机而亡的，因为它们的超声波侦测系统无法测出飞机所在。F-117A 在“沙漠风暴”之役的第一夜就发挥了功效，军事历史学家约翰·基根（John Keegan）形容这场战役为“战史上最复杂的海陆空大战”。隐形飞机飞到巴格达上空时，完全未被发现，直到它们开始以惊人的准确性，击毁伊拉克通信设施及其他目标，而全世界都在有线电视新闻网上看到了这一幕为止。里奇表示，F-117A 轰炸机的数量只占空军联队的 2%，但是 40% 的目标都由它们摧毁。在这场短暂战役中，没有一架隐形战机折损。“沙漠风暴”战役开始时，里奇正在参加一场退休宴会，他在他的书上骄傲地提道：“敌人在周遭的一切都被炸毁时，才知道 F-117A 在上空翱翔。”

里奇说话虽然言辞强烈，但他对“臭鼬计划”的领导风格却是较温和善良的。他能够与五角大楼的官员愉快合作，而约翰逊却与那些人为敌。里奇或许也靠约翰逊的 14 大规则存活，但他对“臭鼬计划”的高效运营，也有自己的见地。比方说，他相信“通才”的价值。“他们比起狭隘的专业人员，有更多非传统的办法”。**曼哈顿计划和施乐的帕洛阿尔托研究中心都受惠于通才，而非专才。**里奇曾以一句话作为“臭鼬计划”的风格总结：

> 我们鼓励人们以富有想象力的方式工作，即兴、非传统地解决问题，然后全力以赴。

在伟大团队中，你有机会试探自己到底有多少能耐。计划将会挑战你的极限，团队中的其他人则能刺激你，大家也都值得你尊敬。里奇回忆他在“臭鼬计划”的最初几年：“每天都发现必须把自己伸展到极限，才能跟上同事。”这种经验“既令人振奋又极有趣”，同时也是一个振翅高飞、享受翱翔之乐的机会。

“

WARREN BENNIS

THE SECRET OF CREATIVE COLLABORATION

黑山学院虽然已在 40 年前关闭，我们仍可站在李氏馆的台阶上，看到当时第一批学生所见到的景象。台阶上，8 根堂皇的石柱矗立在我们眼前，但真正令人屏息的，却是放眼望去那史诗般苍穹下的山谷，以及起伏的蓝脊山脉。夜空中繁星密布，只有远离尘嚣的夜空才会如此。到了春天，山茱萸茂盛地绽放着。置身于这座遗世独立的校园，世界似乎显得十分遥远。

”

ORGANIZING GENIUS

THE SECRET OF CREATIVE COLLABORATION

06

黑山实验

黑山学院

学习是一种持续的过程，只要人还会呼吸，教育就应当持续下去。

——约翰·赖斯

The leaders of Great Groups love talent and know where to find it.

伟大团队的领导者既爱才如命，又知道去何处招募人才。

北卡罗来纳州西部山脚的传奇性实验学校黑山学院的结局，是一个悲喜交加的故事。1972 年，杜柏曼根据这所学院的历史写下的故事中提到，在最后阶段，黑山学院的经济状况非常糟糕，有些穷困潦倒的教职员和学生到便利商店当扒手，把牛排放在特大号长裤里夹带出去。1954—1955 年，该校陷入极度困境，几经痛苦讨论，他们决定招收一名有残障的富家子弟，希望从他身上得到好处。当时担任教师的诗人克里利[1]记得，孩子的父亲本来打算开着飞机飞越校园，表示他认为这个计划确实可行。克里利对杜柏曼说："连续三四天，我们都在附近游荡，引颈望天，想要听到飞机的声音，但它始终没来——我认为我不会再看到更杰出的一群人，付出这么多努力，去从事这样荒谬的工作。"

艺术名校

历经了引人注目的 23 年历程之后，黑山学院终于在 1956 年关闭了。它的学历从未获得认可，不过学生多半被哈佛大学以及其他名校接收。

① 罗伯特·克里利（Robert Creeley, 1926—2004），诗人及小说家，黑山诗派。——译者注

它一年很少招收100名以上的学生，正因为长期经费不足，教职员经常领不到薪水。该校可以说没有图书馆，只有教职员与学生带去的书。不过，在美国历史上，没有一所学院在艺术上曾像黑山学院那样造成这么大的冲击。

与这所学院相关的天才艺术家，成为各个领域的权威。例如，画家威廉·德·库宁（Willem de Kooning）、弗朗兹·克林（Franz Kline）、约瑟夫·艾伯斯（Josef Albers）、罗伯特·马瑟韦尔（Robert Motherwell）、罗伯特·劳森伯格（Robert Rauschenberg）、赛·特翁波里（Cy Twombly）、本·沙恩（Ben Shahn）、雅各布·劳伦斯（Jacob Lawrence）；建筑师沃尔特·格罗佩罗（Walter Gropius）、马塞尔·布劳耶（Marcel Breuer）；诗人克里利，诗人兼摄影家乔纳森·威廉斯（Jonathan Williams）、查尔斯·奥尔森（Charles Olson）；小说家詹姆斯·莱奥·赫利西（James Leo Herlihy）、弗朗辛·杜·普莱西·格雷（Francine du Plessix Gray）；评论家埃里克·本特利（Eric Bentley）、阿尔费雷德·卡津（Alfred Kazin）；作曲家约翰·凯奇（John Cage）；编舞家梅西·康宁汉（Merce Cunningham）、艾格尼斯·德·米尔（Agnes de Mille）；导演阿瑟·佩恩（Arthur Penn）；建筑奇才巴克明斯特·富勒（Buckminster Fuller）。

黑山学院诞生了凯奇的第一个综合媒体作品，富勒的第一个网状格子圆顶建筑，康宁汉的舞蹈团。《黑山评论》（*Black Mountain Review*）也是以黑山学院为大本营，它在最后一期（1957年）预测了美国文学今后的发展趋势。那一期还有艾伦·金斯伯格（Alen Ginsberg）的诗《美国》（*America*），杰克·凯鲁亚克（Jack Kerouac）所写的故事，以及当时尚未出版的两本小说片段，即威廉·巴勒斯（William Burrough）的《赤裸的午餐》（*Naked Lunch*）和休伯特·赛尔比（Hubert Selby Jr.）的《最后退出布鲁克林》(*Last Exit to Brooklyn*)。

黑山学院在其23年的历史中，既是学校也是社区，它是一个吸引杰出人士的场所，让他们彼此投入持续的、激励的相互碰撞之中，远离都市中各种令人分心的事物。一如杜柏曼所述：“它是一个不时发狂的储藏箱、休息营、压力锅、避难所和慈善机构。”不过无论教职员、学生或任何人，它都是一个可以相互学习、改变人生的场所。

领导力箴言 ORGANIZING GENIUS THE SECRET OF CREATIVE COLLABORATION

领导者对一个伟大团队所能做的最大贡献，就是帮助成员发现自身的卓越之处。

1945年，黑山学院成为现代化的美国南部招收非洲裔美国学生的第一所非黑人学院。虽然不能说它建立了美国高等教育的目前形式，但是在那段时期，学习阶段和生命其他阶段的界限趋向模糊；体力劳动被承认与教育经验具有同等的价值；传统课程的需求与分数主义被推翻，而黑山学院正好是测试这类先进理念最令人兴奋的实验室。诸如位于圣克鲁斯市（Santa Cruz）的加利福尼亚州大学等创新学校，就绝对是黑山学院的延伸，而在T组织（T Group）、交心团队（encounter group）、感应训练（sensitivity training）、人类潜能运动的发明方面，黑山学院也扮演了播种者的角色。更有甚者，**假如黑山学院不曾存在，在教学上广为接受的终身学习理念，也许根本无法生根。**

创始人赖斯

黑山学院是个伟大团队，就像迪士尼动画公司一样，曾努力不断地自我创新。在23年历史中，它有三位杰出的领导者，首先是创始人约翰·赖斯。他毕业于杜兰大学，是罗德奖学者（Rhodes scholar）[①]。在那个以讲师全程唱独角戏为标准课堂形成的时代，他却是个独具魅力和相当有创意的老师。赖斯喜欢激励学生质疑他们的信念和观念，以致一名学生坚信哲人苏格拉底一定长得像赖斯。他曾于20世纪30年代早期，在佛罗里达州冬季公园市（Winter Park）的洛林斯学院担任古典文学教授。他一向喜欢抛弃课程安排，随着学生的喜好进行教学。

和许多伟大团队一样，黑山学院以及苹果电脑公司乔布斯的数字海盗们，都是因为和传统对立而确立了他们的地位。要不是赖斯在1933年被洛林斯学院解聘，黑山学院就不可能存在。洛林斯学院在许多方面是个进步的机构，由校长汉密尔顿·霍尔特（Hamilton Holt）独裁领导。赖斯犯了一个忌讳，他在校务会议上提议取消洛林斯学院特有的一天8小时上课制度（霍尔特的发明），即两小时一堂课，每天上4堂课。赖斯和几位课程委员提出此建议后不到一周，就接获命令请他自动辞职。但他拒绝了，结果自然被学校解雇。

他将解聘书呈递给美国大学教授协会，更进一步激怒了霍尔特。霍尔特后来向该协会检举赖斯的罪状既杂乱又怪异，包括：他穿着运动用三角护腹在沙滩上跑步、走路姿态懒散、使一名女学生与女生联谊会失和、在课堂上展示猥亵照片，等等。该学年结束，支持赖斯的8名教职员不是被开除，就是辞职。校报编辑和一些学生决定支持赖斯而离开洛林斯学院。6个月后，美国大学教授协会的正式报告支持霍尔特，对赖斯不利，但是赖斯和一群叛校者已经开始在卡罗莱纳山脚书写历史了。

---

① 罗德奖学者即罗德奖学金获得者。罗德奖学金是一个世界级的奖学金，有“全球本科生诺贝尔奖”之称的美誉。——编者注

黑山学院

当时正值经济大萧条的高峰期，赖斯和他的支持者不可能在其他名校找到工作。于是他建议大家自行创校，反映自己对学习的观点。这个梦想有时间限制，就是必须在秋季正式开张。于是在 1933 年那个忙碌的夏天，赖斯和学术界理想家们完成了惊人的工作。

学校组建之初，赖斯找到 11 位男女愿意与他一同献身教育。不久他们就招收到 22 名学生，大部分来自洛林斯学院。最重要的是，他们筹措到了经营学校所需的 14 500 美元。这笔庞大的经费大都来自匿名的福布斯（J. Malcolm Forbes）夫妇——他们是创校教职员西奥多·德赖尔（Theodore Dreier）的朋友，也是曾在 1996 年总统大选争取共和党提名的史蒂夫·福布斯（Steve Forbes）的远房亲戚。赖斯虽然鄙视募款，但在黑山学院的那些年，他却肯花费无数时间到处筹措经费。他经常坦白过了头，在离开该校后，他回忆当年必须勉强自己不对可能的捐款对象说:“你们那些钞票反正没用，不如捐出来吧！”这种不恰当的极端坦率正是赖斯的特点，这使他成为完美的叛逆分子，也是不完美的领导者。

塑造黑山学院的关键，是在第一年夏季由罗伯特·文施（Robert Wunsch）所做的抉择，他为这座实验学校找到了校园。文施和他在北卡罗来纳州教堂山大学的室友、文学家沃尔夫[①]建议，学校租用位于艾许维尔市（Asheville）附近、蓝脊教会的房舍。它只在夏季提供场地给青年会（YMCA）举行会议，整个冬天都闲置不用。黑山学院于是和它签订租约，1933 年 9 月准时开张。

① 托马斯·沃尔夫（Thomas Wolfe, 1900—1938），后来担任黑山学院校长。——译者注

首先，硬件设施是黑山学院的第一个重要挑战。新学校的生命中心是罗伯特·爱德华·李将军纪念馆（Robert E. Lee Hall，以下简称“李氏馆”）①，一幢有如旅馆的三层山上建筑。黑山学院虽然已在40年前关闭，我们仍可站在李氏馆的台阶上，看到当时第一批学生所见到的景象（该馆目前仍继续在每年夏天举办教会活动）。台阶上，8根堂皇的石柱矗立在我们眼前，但真正令人屏息的，却是放眼望去那史诗般苍穹下的山谷，以及起伏的蓝脊山脉。夜空中繁星密布，只有远离尘嚣的夜空才会如此。到了春天，山茱萸茂盛地绽放着。置身于这座遗世独立的校园，世界似乎显得十分遥远。当时，第二次世界大战还没有把每个美国人都变成着了魔的听众，而黑山学院连收音机都很少，时钟也十分罕见。黑山学院的成员就如同其他伟大团队的成员一样，只专注于黑山的事务。所有社会关系与责任等生活事宜，不论好坏，都被搁置一旁。

领导力箴言
ORGANIZING GENIUS
THE SECRET OF CREATIVE COLLABORATION

在这个不断变化、全球化、高科技的社会里，集体合作是一种必需。独行侠和孤胆英雄已经不存在了。取而代之的是一种新形式的创造性成果：伟大团队。

埃伯斯和奥尔森虽然后来担任过黑山学院的领导者，赖斯却是这所学校的愿景塑造者。他是教育哲学家杜威②的朋友。**他相信学习是一种持续的过程，只要人还会呼吸，教育就应当持续下去。**学习不应只在学校进行，也应在工作场所、户外、餐厅进行，只要人们能相互交换意见，就可以学习。照杜柏曼的说法，学校最受欢迎的一句谚语是：

喝咖啡所产生的真实教育，绝不亚于教室里的教育。

---

① 罗伯特·爱德华·李，美国军事家、教育家，美国南北战争时期的南军统帅。——译者注
② 约翰·杜威（John Dewey, 1859—1950），造访过该校数次，专攻认知心理。——译者注

赖斯和杜威一样，都对教育存着一种整体性的观念，也有人说这是违反智慧的观点，但他认为教育就是一个人成长的过程。对赖斯而言，艺术与个人的进步就跟思想一样重要。他在1937年的《哈泼斯》杂志（*Harper's*）中，与保守的教育家罗伯特·梅纳德·哈钦斯（Robert Maynard Hutchins）打笔战时写道："只是求知是不够的。"曾于20世纪50年代到过黑山学院，至今依旧住在高地附近的诗人兼摄影家威廉斯，也持相同的观点，他写道："绝不要以'我知道'为答案。"

胖胖的、戴副眼镜的赖斯，外形和沃尔特·迪士尼一样不起眼。据他的南斯拉夫作家朋友路易斯·阿达米克（Louis Adamic）所说："赖斯总令人误以为是小镇大夫，以开药方给病人为满足。"黑山学院既是学校也是社区，而且至少在理论上（包括学生在内），每个人都对校务拥有发言权。不过在早些年，赖斯却相当专横，这位"大家长"经常强迫团队服从他的意思。黑山经验中最重要的是"**讨论**"，而赖斯往往不愿以理服人，却像坦克一般展现他的领导风格，遂其意愿。杜柏曼曾写道："他不是说服，而是以势压人。"不过黑山学院与其他许多伟大团队不同——**它是一个有目的的组织，仰赖相当程度的共识，**不像迪士尼公司可以依令行事。由于赖斯无法服人，导致他后来在团队中渐渐失势，最后被逐出他一手所创建的学术伊甸园。这是后话。

权力自主

学校刚成立的第一个月，在赖斯领导下实行了一种独特的组织形态，没有校长、院长，也没有校外信托人，只有一位权力有限的总管以及由团队选出的监事。任何决定都需经过漫长甚至永无休止的辩论而产生，大家都有发言权。学生与教职员，每个男男女女都住在同一幢建筑内。大家一起用餐，最重要的也许是，每个人的行为与心灵品质，多少都受到其他人的影响。

黑山学院的课程也同样非比寻常。学生与教授们经过讨论，再自行选择他们所要修习的课程。学生从低年级或二年级开始继续学习，直到自认为已体验过各种训练、足以进入高年级为止。专业训练由此开始，课程为每一名学生量身打造。学生必须通过笔试和口试才能升级。当学生觉得自己可以毕业时，就向教职员递交一份成果声明。如果校方接受，这名学生即通过大家[①]的考验。在黑山学院，过程远比传统文凭重要。因此，只有 50 名左右的学生愿意为毕业下功夫。

领导力箴言
ORGANIZING GENIUS
THE SECRET OF CREATIVE COLLABORATION

伟大团队不仅是一群一流头脑的结合，它简直就是奇迹。

有太多伟大团队是由极其杰出的人士所组成的，这些人与周遭环境格格不入。黑山学院中的教育叛逆，和美国洛斯阿拉莫斯国家实验室在沙漠中投入曼哈顿计划的科学家一样，是一片陌生土地上的一群陌生人。虽然附近的艾许维尔小城算是相当有文化素养的，但黑山学院遥居山野，森林里到处是黑熊、私酒酿造者和拜蛇教徒。学校教职员的立场，从参加教会聚会、非裔美国人的权利、对性与政治的态度……几乎都和邻居相左。因此学校一开张，几乎立刻就引起了传言，说他们自由乱爱、空思妄想、支持共产主义，以及一大堆乱七八糟的传言。事实上，早年他

① 任何想参加的校内外人士，历来组成分子包括：历史学家雅克·巴尔赞（Jacques Barzun）、社会学家保罗·古德曼（Paul Goodman）、克林、布劳耶等名人。

们并没有多少公然的性活动，因此一群校友在1995年聚会时，得知作家菲尔丁·道森（Fielding Dawson）提到他们晚期有一些双性恋的恶作剧时，都十分震惊。有一次，一名送牛奶的工人从李氏馆的窗口望进去，看见学生正在临摹一名裸体模特儿。如果这不算是伤风败俗，那么学生穿着凉鞋进城采购，同样令居民震惊。当地人喜欢将这群学校人士称为“精神失常”的人。

与其他伟大团队一样，黑山学院领导者最重要的任务是“网罗人才”。而赖斯起码做了一项了不起的贡献——选中艺术家艾伯斯。1933年，艾伯斯身在柏林—— 一个最不适合现代艺术家居住的国际城市（纳粹党喜欢称之为“堕落艺术家”），娶了犹太女子编织家安妮为妻。**伟大团队都有培养他人的倾向。**有些人甚至认为包豪斯学院是黑山学院之父，不过这并不完全正确。艾伯斯的确在这所德国的传奇学校执教和工作。包豪斯学院将形式与功能整合，思考出其他现代设计的原则，它于1933年关闭，并未受制于“第三帝国”。黑山学院的指导原则从一开始就是进取、顽强，源于赖斯的纯美国式理念。然而该校的艺术家兼教师伊利亚·博洛托夫斯基（Ilya Bolotowsky），后来取笑该校是“包豪斯学院的分校”。

聘请传奇教师

据杜柏曼表示，赖斯在学校成立一个月时说：

> 别问我是用什么办法知道的、为什么知道，反正我就是知道：假如找不到适合的人教授艺术，整件事就甭提了。

赖斯希望艺术成为黑山课程的灵魂，但不是狭隘的构图、绘画、雕塑或者古典美术技法。他要找一个人来，既能教授艺术，也能把它当成修炼，借着艺术来体验世界。赖斯向当时曼哈顿的现代艺术博物馆建筑馆馆长菲利普·约翰逊（Philip Johnson）请教。曾访问过包豪斯学院的约翰逊，对艾伯斯的授课印象深刻，也知道这位艺术家急欲离开德国，便推荐他担任教职。赖斯立刻就知道艾伯斯是他所要找的人，因为约翰逊对艾伯斯赞不绝口。“不过他有一个缺点，”约翰逊警告，“艾伯斯连一个英文单词都不会说。”赖斯毫不迟疑地要求约翰逊同时聘用艾伯斯夫妇两人。

始终未能精通英文的艾伯斯自己颇有疑虑（虽然赖斯完全没有）。后来艾伯斯回忆说，他一方面害怕前往美国，一方面又乐于离开德国：

> 不再吃粗裸麦面包，开始尝试美国红红绿绿的饮料。而所有美国人中，我只认识默片喜剧明星巴斯特·基顿（Buster Keaton）和汽车大王亨利·福特，还不会说英语。

在黑山学院，老师和学生都涌向最叫好的课程。某些课程在黑山人记忆中十分深刻，包括卡津在20世纪40年代中期介绍的《白鲸记》（*Moby Dick*）。不过课程重心却是艾伯斯对材料、颜色和形体元素的介绍，这点完全符合赖斯的期望。约翰逊警告赖斯：艾伯斯的教学方式实在难以形容。一些过去的学生和教职员也无法确实描述艾伯斯到底教了些什么，对学生造成了什么样的冲击。当艾伯斯被问起抵达美国后，希望完成什么，他的答复是：“打开人们的眼睛。”他在这方面果然是成绩斐然。艾伯斯说他的目标是：

> 导正观察的眼睛，知道自己看见的是什么，为什么会看到，

如何用手指、双手、双臂，将所见的事物呈现在纸上、黑板上或任何手边拿得到的东西上。

艾伯斯在课堂里教导关键理念时，完全信手拈来。据杜柏曼回忆，艾伯斯相信物体的本质由三方面组成：内在本质、外观和与其他物体的关系。

杜柏曼还提到艾伯斯如何要求学生研究纸张。学生将它折起来，用针别好，做出一个立体对象，借以发现它的强度和其他特性。然后，每个学生针对一张纸可能产生的问题提出解决办法，再由艾伯斯加以评述（有时相当严厉），而教室里的其他人也可以严加批评。最后艾伯斯会叫学生打开纸，抚平它，让它恢复原状。

领导力箴言
ORGANIZING GENIUS
THE SECRET OF CREATIVE COLLABORATION

伟大团队是由罕见的天才组成的，在平等地位下共同合作。

艾伯斯对他自己的观点相当执着，而且严格，但是他不会宣扬自己。观察者的任务是，观察后再“训练铅笔去描绘你眼睛所见”。“色彩”是艾伯斯的最爱。艾伯斯的教法以并列方式，显示色调造成的彻底变化。其中最有名的也许是他所谓的材质美学（matiere）学习：学生必须找到素材，研究这种素材如何形似另一种素材，表面如何不同、如何相关，又如何以有趣的方式组合。已故作家暨教育家詹姆斯·霍尔（James Hall），曾在1940—1941年上过黑山学院的课。他回忆自己所上的材质美学课程：

我特别记得自己让一个盘子上堆着橘色伞顶的蘑菇、生锈的红弹簧和几块发黑的吐司。我们把各自的组合带进教室，在室内慢慢巡回展示，对其他人的作品冷嘲热讽。结果大多数评论都认为：我的作品太深沉忧郁了，我只好提议把土司刮掉一点。

许多在黑山学院上过艾伯斯课的人，都认为他改变了他们的人生。1944年夏季受教于艾伯斯的艺术家玛格丽特·约翰逊（Margaret Kennard Johnson）回忆道："我第一次明白绘画、雕塑、建筑、素描、设计等，其实并不是个别的艺术，而是不同形式的同一种视觉语言。"她虽然在黑山学院只停留了6个星期，但她相信在那里所受的训练适用于全世界，也因而得以迅速融入自己不熟悉的日本艺术世界。

尽管许多学生崇拜艾伯斯，但也有人认为他没有弹性、令人窒息。最有才华的学生往往觉得，他在教室里的权威作风令人无法容忍。影星罗伯特·德尼罗（Robert DeNiro）的画家父亲，已故的老德尼罗，有一次和艾伯斯冷酷交锋后怒不可遏，把所有的美术用具从李氏馆三楼窗口丢出去，当场就退学了。

珠联璧合的领导

玛丽·哈里斯（Mary Emma Harris）在她撰写的《黑山学院的艺术》（*The Arts at Black Mountain College*）中提到，赖斯和艾伯斯在他们这个伟大团队内都是灵魂人物。据阿达米克表示，赖斯是黑山的"中心"或"核心"，而艾伯斯则是"该校最具有扩散性影响力的人"。德赖尔认为：

赖斯使这个学院有可能持续下去，而艾伯斯则使它壮大到任何人都无法想象的程度。

赖斯和艾伯斯在最初几年可算是并驾齐驱，类似奥本海默和格罗夫斯对“曼哈顿计划”的领导。赖斯和艾伯斯两人都是堂堂正正的君子，受到团队敬重，也彼此尊重。很明显，原创的理念出于赖斯，它和艾伯斯对艺术与教育的强烈信念正好一致，所以艾伯斯夫妇很快就采用了这个理念，并加以宣扬。**他们两人分别在不同的层面担任伟大团队的领导角色，是团队与外在沟通的渠道。**黑山学院或许贫穷而与世隔绝，但是通过赖斯的努力，它引起了教育家杜威、作家怀尔德①以及其他人的注意，从而也广受世人注意。罗斯福夫人就是造访该校的名人之一。艾伯斯夫妇与国内外艺术界关系密切，与各地前卫艺术家都有令人艳羡的接触。奥尔森后来也吸引了一些天才来学校。就黑山学院窄小的规模和逐渐恶化的贫困状态而言，它吸引国内艺术推动者和艺术撼动者的注意，倒可说相当惊人。

崇尚“讨论”

黑山学院从第一天起，就以“讨论”为其生命。许多有关该校的回忆录都指称，它就像一所特立独行的修道院。这种印象如果用来形容充塞整个学校的共同使命与一体感，也许还算正确，但也可能是一种误导。黑山学院的人从来不曾闭口不发表自己的理念，英语说得再差也常常大放厥词。黑山学院与其他伟大团队的不同在于：它的任务不是发明新的事物、制造原子弹、创造《白雪公主与七个小矮人》卡通片，也不是开

① 桑顿·怀尔德（Thorton Wilder, 1897—1975），唯一一位能够以文学作品和戏剧作品双双获得普利策奖的人。他是美国文坛上杰出的作家，剧作《小城风光》（*Our Town*）代表了他戏剧创作的最高成就。美国文化中最主流的价值观——平等、民主、自立精神、美国式的自我实现、实用主义传统文化精神等在作品中都有所体现。——译者注

发易学易用的计算机。黑山学院的任务表面上是建立一个社区，促进个人成长；在一个最理想的情况下，社区和个人的成长应当是互补的，而不是互不相容。**但黑山学院并非理想世界，它是由立场鲜明、勇于表达、才华与性格各异之人所组成的临时团队。**既然学校认为谈话是达成目标的正确媒介，冗长的集会便成为校园生活的固定活动。情况好的时候，这些会议成为交换理念的研讨会，讨论艺术本质、自由与责任如何协调等崇高伟大的议题。最坏的情况下，研讨会形同吵嚷不休的歌剧女伶的尴尬表演，充分反映了爱默生（Ralph Waldo Emerson）所说的："几乎每个人都屈尊参加。"

领导力箴言
ORGANIZING GENIUS
THE SECRET OF CREATIVE COLLABORATION

伟大团队的领导者必须培养适应团队风格的领导力。

促使其他伟大团队发明隐形轰炸机和计算机的激情与固执，在黑山学院都用在集体会议中。杜柏曼分析赖斯于1940年离开学校的原因，并重现了几场争吵激烈而影响重大的会议。黑山学院最有创意且最引人争议的，就是"集体讨论个人问题"（不过决策却不一定是共同作出的）。在1936—1937年期间，学校被派系问题搅得天翻地覆：一派以赖斯为中心，另一派以心理学家欧文·尼克博克（Irving Knickerbocker）为中心。尼科博克在1935年受聘时，刚取得哈佛大学博士学位。而经常以易怒自居的赖斯，早就与校内某些人不和，包括学生在内。他们认为赖斯嘴里说的是"共同决定"，实际执行时却不是这么回事。攻击赖斯最强烈的人认为，他已经变成曾以权威方式惩戒他的洛林斯学院校长霍尔特。而擅长应付问题学生的尼科博克，挑战赖斯的技巧则巧妙得多。尼科博克对教职员和学生表示：赖斯对学校具破坏性，他的坦率可能毁掉学生，不见得会促成学生成长，但却自认为他的刻薄批判可促进个人成长。赖斯指控尼科博克溺爱学生，而且在校园内散布中伤他的言语（后者真有其事）。这场校园权力斗争立刻导致尼科博克在 1936—1937 年间被解聘。尼科博克后来加入安提亚克学院（Antioch College），与道格拉斯·麦格雷戈（Douglas McGregor）发展出著名的群体动力学（group dynamics）课程。然而赖斯与尼科博克在黑山学院的角力，造成所谓的“群体动力学”，却对黑山造成最负面的伤害。这一点也清晰地显示：**大部分伟大团队都受使命感驱动，若是少了结合与塑造成员的坚实外力，代表团队的那股强大势力反而有可能使团队本身分崩离析。**

集体出走

追随尼科博克离开黑山学院的教职员和学生约有 1/3，是后续一连串出走的第一波，此事和该校杰出的教职员名录一样成了它的特色（评论家本特利在 1944 年主导了另一次出走）。尼科博克虽然离开了，赖斯的名誉却并未恢复。促成他失败的近因，有个最平凡的理由：“我爱上了一个贱货。”赖斯后来提到自己与一名女学生的绯闻时这么说。这段绯闻对赖斯的妻子内尔（Nell）打击很大，可是她在学校里却广受欢迎（她在最后几年担任该校图书馆管理工作）。最后赖斯终于辞职，就在学校监事即将正式宣布该校不欢迎他的前一刻。观察家认为赖斯的理念仍长存于黑山学院，不过他的离开造成的结果是立即扩大了艾伯斯在学校的影响，影响持续到艾伯斯于 1949 年离职转任耶鲁大学艺术系主任为止。

不完美的代表

赖斯是伟大团队中不完美领导者的最佳代表。他具有影响力、绝对原创的理念，以及将理念灌输给他人的领导特质。但最后，他被人认为是不足以满足伟大团队成员对领导者的期待。赖斯是个自恋狂，性格残酷、独裁，甚至偶尔像个小人。黑山就像多数伟大团队一样，领袖人物与头衔、职位并没有什么关联。即使赖斯不再担任学校领导者，他仍旧是组织的首脑和心脏。位于波士顿的贝恩公司（Bain & Company）的负责人奥里特·加迪什（Orit Gadiesh）曾说，领导者最重要的是拥有“真北”（true north）[①] 的意识。她解释说：“也就是一套原则，引导每个人去做符合道德的正确的事情。”领导力总是会涉及品格问题。假如黑山人一直以赖斯为真正的道德指南，那么任何私下竞争或通奸行为，都不可能将他扳倒。

黑山学院虽然不像其他的伟大团队，并未背负创造某物的使命，它却是个创造新思想、充满刺激的地方。所有伟大团队都设法突破限制，而课程不同流俗、特别迷人的黑山学院也不例外。依照蓝脊教会的租约规定，学校必须在每年春天把所有家具和财产收进阁楼，让教会在夏天举行会议。结果杜柏曼发现，每年一到秋天，学校都有一种从无到有的建设感，大伙在忙乱中找回自己的家具。发现的喜悦抵消了伟大团队所感受的压力和不确定感。作曲家弗雷德里克·科恩（Frederic Cohen）在20世纪40年代早期执教于黑山学院时写道：

> 每天早晨，世界似乎都在重新开始运行。过去的一切经验、传统、既有规定和法律，都不断受到质疑。

① 真北，地球北极的方向，测量真方向时的基准方向。——编者注

身为该校学生的作家道森在文学复兴的20世纪50年代，还记得完成一件崭新而美好的事物时，那种晕眩而丰富的感觉。他对一位访客说：

> 我们知道自己站在时代的尖端。我们当时知道自己正在创造历史。

异类天堂

黑山学院的教职员，虽然大都由赖斯、艾伯斯、奥尔森或校内领导者负责招聘，学生却多半是自己要入学的。但只有一种人适合进入黑山，就是那些有才华、脸皮厚、不畏挤牛奶的人。这种人才是完美的候选人。道森回忆当时的过程："人们会来参观黑山，然后回去说：'你'（指的是'你这怪胎'）会喜欢这里。"

黑山学院的教育经验绝不掺水。大家很少在周末离校，尤其在最初几年。你也绝不可能离开校区太久。这种强烈的集体趋力会把某些人吓跑，评论家爱德华·达尔伯格（Edward Dahlberg）就只待了两个星期。当地的实际状况也极差。校内始终没有豪华设施，风景虽然绝佳，却是个适合徒步露营的好地方。在20世纪50年代初期，该校教职员的妻子哈丁还记得：严冬住在没有暖气的木屋里，而食物的极度短缺让她非常担心两个孩子会得坏血症（scurry）。哈丁和丈夫一年后离开黑山，加入开罗的美国大学（American University）。聘用他们的行政人员评述："如果他们受得了黑山学院，还能一笑置之，就有本事在埃及熬下去。"

黑山学院最大的烦恼，也正是它的力量源泉：一群个性殊异而又才华洋溢的人才组合。杜柏曼观察到：

> 在黑山，“自我表现”的人，要比真有本事、能够表现自己的人多得多。一如希望幻灭的奥尔森所言：“这里的人特色不多，脾气却不少。”

威廉斯写到他在军中所受的心理训练，有助于他在黑山学院的工作——尤其是与诗人同事的相处，对他更是有益。威廉斯表示，黑山学院绝非伊甸园，尽管学校有一座名为伊甸的湖泊。

> 不幸的日子可多着呢！克里利、奥尔森、多恩（Dorn）、威纳斯（Wieners）、道森……要命！赶快给我抗忧郁的药吧！

不过，建立团结的共同严格考验却是无与伦比的，这一点与军队和兄弟会都颇为雷同。凡是在黑山学院度过苦日子而能留下来的人，都有高度的亲密感。在该校待过的许多黑山人都说，那里有一种与世隔绝之感，而且一直如此。道森相信，假如你没有在黑山待过，就不可能了解那是怎么回事。

伟大团队经常会刻意带着青春的面貌。黑山学院的艺术系学生，格外喜欢想出各种花招来捉弄他们道貌岸然的恩师艾伯斯。他们在材质美学课程中，向老师展示牛粪堆。20 世纪 40 年代晚期的另一桩著名事件是：校内一群最有才气的年轻艺术家，包括肯尼斯·诺兰（Kenneth Noland）和约瑟夫·菲奥里（Joseph Fiore），下课后到斯坦·赫布尔（Stan Hebel）的房间聚集，将调色盘上剩余的颜料堆叠到一大块画布上，挂在他房里的墙头上。参加者李威（Jerrold Levy）说，一年后，他们的集体画作看来有点“像是介于马瑟韦尔与德库宁之间的东西”。杜柏曼回忆说，那批年轻人在画布上署名“无名的污点”，并将它挂在餐厅里。此事正巧发生在校内派系斗争定期爆发的时期，艾伯斯当时正与教师博洛托夫斯基水火不容。他对此事非常震怒，这令大家都十分满意。

第一年，黑山学院开办了一座农场。赖斯虽然对体力劳动没什么兴趣，体能课却是该校的代表作。黑山学院的教职员和学生并肩从事校内所有该做的事，从盖房子、道路维修，到种植农作物、饲养牲口。学生自制可背式缝纫机，以便带着它去上安妮的课。他们还自制家具，并到印刷厂工作，结果促成玛莎·斯图尔特女士（Martha Stewart）为校内宴会制作了一套全新花色的餐具，女生们甚至将面粉袋改成轻柔的服装，参加热门的周末舞会。第二次世界大战期间，他们曾站在深及小腿的冰水中挖掘云母。他们种植玉米，并用弯刀砍下，储为粮秣。当深受爱戴的音乐老师杰勒卫兹（Heinrich Jalowetz）1946 年过世时，他们为他挖坟，并立了一块石碑纪念。不过最了不起的是，他们在 1940 年建造了自己的学校。

领导力箴言
ORGANIZING GENIUS
THE SECRET OF CREATIVE COLLABORATION

伟大团队的领导者必须决断，但不专断。

建造新校园是黑山历史上的辉煌时刻。大伙连续几年不辞劳苦地盖好教学楼，改建其他校舍，众人的团结热情俨然空前。**伟大团队都需要明确的计划，让每个成员贡献己力，完成超越他们心智以外的事物；而且必须靠集体力量完成，这样他们才会团结起来。**

黑山学院几乎在成立之际，就开始寻找自己的校区。他们害怕失去与蓝脊教会的租约，于是在1937年买下了一处老旧的夏季度假地点，准备将它改建为永久校区。这个度假村和原先的校区相隔数里，比较富有乡村风情，但不像教会的场地那么戏剧化、激动人心。新校区有一座叫伊甸的人工湖泊、两幢没有暖气的木屋，还有一些建筑散落在方圆270公顷的土地上。

领导力箴言
ORGANIZING GENIUS
THE SECRET OF CREATIVE COLLABORATION

伟大团队都需要明确的计划，让每个成员贡献己力，完成超越他们心智以外的事物；而且必须靠集体力量完成，这样他们才会团结起来。

曾在包豪斯学院待过的著名建筑师格罗佩斯、布劳耶与艾伯斯交情甚笃，便为黑山学院设计了新的多功能校舍。可是由于经费短缺，学校选择了较简单的设计，建造了一幢多用途大楼。教室、工作室和储藏室都位于较低楼层，学生和教职员宿舍则位于较高楼层。这幢有别于教学楼的建筑，自1940年春季开始动工，到1941年春天迅即完工，人员便进驻了。建造期间，学生与教职员每天一面唱着民谣，一面砍伐橡树、打磨石头、灌水泥。虽然有人在校区立了一块牌子，上面写着“征人启事：劳动课需要行尸走肉”，但是这群业余建筑工只记得那段日子是学校历史上最有价值、最宁静的时期。

今天，黑山学院的第二校区已改建为男生露营区，但仍旧保留了教学楼。如果你仔细留意，会发现灰泥墙上的涂鸦虽已严重褪色，却是让·夏洛特（Jean Charolt）在建造大楼基石时的杰作。1944年夏季，当时还是该校学生的画家露丝·苏丝乐（Ruth Lyford Sussler）负责搅拌水泥，将水泥涂在夏洛特的画上。那个令人难忘的夏季，苏丝乐听了舞蹈家米莉对舞蹈的权威性演说，第一次在城里看到彩色喷泉表演，第一次集体做工。她愉快地回忆在女生宿舍的老式四爪浴缸中洗“音乐澡”——低音弦乐团队当时正在楼下练室内乐，乐声透过地板传上来。黑山学院典型的劳动课伴随着艺术浸淫，以及身居南部乡下那种仿佛置身于另一个星球的感觉，使苏丝乐觉得那年夏天“对我后来的人生举足轻重”。

黑山学院不仅是集体创作的场所，而且它本身就是个集体创作。该校的具体原则是：“艺术和教育是集体的过程，并非是单独形成的。”这套哲学的最佳例证是 1948 年夏季在学校公演萨蒂[①]的《美杜莎的诡计》（*The Ruse of Medusa*）。那段日子令人特别兴奋，凯奇举行了 25 场萨蒂的音乐会，地点大部分是在他隐密的木屋内。凯奇要求校内最受欢迎的老师、诗人、陶艺家玛丽·理查兹（Mary Caroline Richards）把当时名不见经传的萨蒂作品译成英文，萨蒂的作品当时只在巴黎表演过一次。

道森发现在黑山学院有太多人投入制作，真正上台表演的则很少。《美杜莎的诡计》是黑山学院的典型产品，一群天才创造出的惊人原创作品，许多人贡献出专长以外的才能。其中，富勒领衔饰演梅度沙男爵，女画家伊莱恩·德库宁（Elaine de Kooning）饰演他的女儿，她形容此剧是：“一群像是谐星费尔兹的贵族，不停地说些没结论的话。”诗人艾萨克·罗森菲尔德（Issac Rosenfeld）饰演那位不客气的管家。画家德库宁设计场景，以绘画的方式描绘出一张书桌和粉灰色的大理石石柱。凯奇演奏萨蒂的

① 埃里克·萨蒂（Erik Satie, 1866—1925），法国超现实派作曲家，简约主义的先驱。创作以钢琴曲为主，旋律大多简单但富有浓厚的神秘感。代表作为三首《裸体歌舞》（*Gymnopedie*）。——译者注

乐谱，坎宁安编舞并表演了一段开场的机械猴子舞。

伟大团队没有阶级之分。成员的贡献完全按个人天分，不以角色论英雄。这个特别的戏剧团队也不例外：当时的导演是才华横溢的学生佩恩，他当时已经在校内教授戏剧课程了。这出戏剧的成功关键在于，佩恩对富勒做了惊人的改变，从他身上激发出潜力。精力充沛的富勒，担任演员时却变得僵硬不自在。他向佩恩承认："我生怕出洋相。"佩恩认为，自己必须让富勒了解出洋相并不坏。于是在排演时，这位年轻人便和创造出网格圆顶的大师富勒，一起跳跃、打滚，出尽洋相。一如杜柏曼所写："从那一刻开始，富勒开了窍。"富勒表示，他日后在演讲上的成功表现，多半归功于佩恩，是他教会了自己如何在台上保持自然。多年后，富勒为了去哈佛大学领取荣誉博士而紧张（他曾被哈佛大学开除学籍），于是去找佩恩，两人一起回顾那场萨蒂的表演，让富勒做足了准备。

领导力箴言
ORGANIZING GENIUS
THE SECRET OF CREATIVE COLLABORATION

伟大团队的领导者，能力有如触媒剂，并且是外在世界与内部团队间的桥梁。

虽然这次大合作的结果，只有一次演出，却似乎改变了好几个人。佩恩在多年后表示，执导这出戏使他获益匪浅。**在黑山学院与其他创意人的密切合作，使艺术家的创意快速成长。**佩恩说，他与凯奇、坎宁安的合作，使他第一次想到一些新可能，诸如将动作戏移入大礼堂。更重要的是，凯奇和坎宁安给了当时非常年轻的佩恩原先也许不会有的创造勇气。他告诉杜柏曼：

> 他们为那次经验整个注入了自由——"冒险！""改这

个！”“勇于制造那些本就应该被造出来的东西，不要把观众当作独裁者。”

佩恩说，事隔十年，他才明白了此事对他的影响。

教学相长的圣地

虽然这类合作成功的次数不多，但总之，集体创作是黑山学院持之不辍的特色。黑山学院的另一个典型特色是，相信学生也有东西可以教老师。道森后来这样描述他的恩师：

奥尔森从我们每一个人身上学到很多。他真的需要我们。我们改变了他。他从我们身上学会了如何教书。

伟大团队是新人能与较年长、更著名的同事平等互动的地方，一如年轻的费曼在美国洛斯阿拉莫斯国家实验室与伟大的丹麦物理学家玻尔[①]的互动。

已故的奥尔森领导黑山学院走过最后的辉煌年代，让它寿终正寝。在威廉斯口中，奥尔森是个“庞大、精力过人的奇观”，他身高 206 厘米，重逾 114 公斤。杜柏曼写道：这位高大的诗人“无疑是黑山学院最后 5 年的灵魂”。**伟大团队的领导者，能力有如触媒剂，并且是外在世界与内部团队间的桥梁。**艾伯斯把黑山学院视为强调视觉艺术的要塞，奥尔森则把它视为文学重地。

① 尼尔斯·玻尔（Niels Bohr, 1885—1962），以拉塞福的原子模型为基础，提出氢原子结构理论。1922 年诺贝尔物理奖得主。——译者注

作家并不见得认为黑山学院是个丰沛的园地。曾在20世纪40年代中期，在黑山短期执教的卡津抱怨："如果你是个严肃的作家，那么黑山学院恐怕在许多方面都只是半吊子。"不过奥尔森改变了这一点，在他主持期间，学校成了吸引作家的大磁场——尤其是诗人，黑山甚至有"诗人学校"的美誉，校内则有奥尔森、克里利、罗伯特·邓肯（Robert Duncan）、威廉斯等多人。

虽然奥尔森可能觉得以下比拟很不恰当，不过他的领导特质在某些方面的确与沃尔特·迪士尼接近。奥尔森在写作上还算有天分，不过他真正的才华在于引导他人的才能，并将经营集体事业的理念灌输给他人。他对杜柏曼声称，他有办法让黑山学院复活，就算不在财务上起死回生，也可以回复到他所谓"昔日的荣耀"——赖斯最初以艺术课程为中心的理想。奥尔森结合了追随者，一起抨击新批判主义，以及其他旧势力，号召一种崭新、独特、强调真实声音的美国文学。

黄金殿堂

奥尔森不在意黑山日益倾颓的校区，一如曼哈顿计划中偷工减料的实验室、麦金托什团队临时拼凑的总部……许多伟大团队大都如此，他们住在廉价、破旧的建筑之间，跃动着朝气。奥尔森大胆宣布："这种贫困如洗的环境最适合工作和生活。"作家迈克尔·鲁梅克（Michael Rumaker）是少数真正从黑山毕业的学生。1955年毕业的他，回忆初到那座被奥尔森强烈明晰的理念化为"黄金殿堂"的破旧校园时，他说：

> 奥尔森的话是高明而具诱惑力的推销——不过他话中的涵

义远不止于此。他把黑山的可能性与愿景，说得像是充满冒险刺激的圣战、一幅神圣的愿景。而他暗示，如果加入，这将是我一生的荣宠。

校园的状况日渐危急。杜柏曼表示，学校为了想让朝鲜战争退役军人入学，试图让退伍军人协会误以为学校的学生并不少。于是，让同一批可怜的学生不断地换教室，不断地换衣服。不过奥尔森从未终止他对伟大梦想的推广，即使学校于 1956 年解体，他还在说服画家理查·德贝康（Richard Diebenkorn）加入教职。

希望之城

奥尔森掌舵的几年，是校史上最热烈、最值得回忆的日子。可是教职员和一些最有才气的学生开始慢慢流失。旧金山成了继而代之的“希望之城”。到了 1955 年，享有校产第一顺位抵押赎权的前任赞助者福布斯，威胁着要取消抵押品赎回权。但学校居然筹措到了经费，因此抵押赎回权没有遭到取消。但另一个新威胁接踵而至，某些离校的教职员扬言要追讨学校积欠的薪资。这件事也幸运摆平。最后，学校又面临了一项没那么急迫、却很可能发生的事，即北卡罗莱纳州有人指称学校不道德，打算让它关闭。一名学生被控和女人在校同居，而她不是他的妻子。学生承认这是事实，不过负责人奥尔森也和一个非发妻的女人同住（奥尔森离开了为他生下一个女儿的妻子康妮，与黑山学院的学生凯泽以及两人襁褓中的儿子住在学校）。更糟糕的是，那名学生还说学校里有些男生搞同性恋。以往黑山学院曾因赖斯通奸而逼走他，另一位负责人文施也因与当地水兵有染，被指为不道德，而在 1945 年深夜悄悄离去。而今，很显然的，这所学校变了。

这些因素都未造成学校关闭。奥尔森后来对杜柏曼说，黑山是在1956年正式衰落的。奥尔森与其他主管认为，学校是该结束了，他多留任6个月把赖斯留下的文件和其他校务处理干净。奥尔森与黑山几位诗人，包括克里利在内，后来都转职到水牛城（Buffalo）的纽约州立大学（The State University of New York）。到了20世纪60年代中期，这几个人还动过创设校内大学的念头，有点类似黑山模式。1970年过世的奥尔森对杜柏曼说，念过黑山学院的人让学校继续下去，当他们离开时也带走了学校的一部分。他写信给杜柏曼时，这么说：

> 黑山尚未结束，校旗还在飞扬。

奥尔森所言具有相当的真实性。黑山学院对许多人确实有彻底深远的影响，杜柏曼就是其中之一。他得到了灵感，写下这座深富创意的学校的真实故事，并对整个过程做了正统的研究和个人分析。当他写完，发觉自己几欲落泪。“为了那些出类拔萃的人们，为了他们的愚蠢、勇气与尝试。”的确，这所学校的若干精神在一些团队中存续下来，而有些反传统的机构，在黑山学院关闭10年后才壮大起来。

领导力箴言 ORGANIZING GENIUS THE SECRET OF CREATIVE COLLABORATION

> 伟大团队的领导者会把愿景描述为触手可及、诱人至极，让每个人都看得见，并渴望参与。

1995年，大约150位黑山学院过去的教职员，在伊甸湖校区举行校友会。主办者是年轻的摄影师玛丽·霍尔登（Mary Holden），她最初从巴黎艺术界的朋友那里听说了黑山学院。作为黑山原住区的现住民，她创设了黑山学院博物馆和艺术中心，暂设于艾许维尔市。在校友会上，他们又做了一件以往常做的事，大家又开始冗长地辩论，黑山博物馆是否违反了该校固有的精神，欠缺原创性，即把黑山学院变成一座达达主义（Dada）①的博物馆，这是否违反了黑山学院一向反组织的本性？

① 达达主义，1916—1923年间出现的一种艺术流派，是一种无政府主义的艺术运动，它试图通过废除传统的文化和美学形式发现真正的现实。——编者注

“

WARREN BENNIS

THE SECRET OF CREATIVE COLLABORATION

“当成千太阳的光芒迸耀天上，此景如同天神宝相。”升起的那朵不详之云让他想起另一句话：“我成了死神，世界的毁灭者。”偏重实验的费米忙着丢出纸张，分析原子弹的威力。此次爆炸将纸张推送到 2.5 米以外，他因而估算出原子弹释放出了 1 万吨黄色炸药的毁灭性能量。威尔逊对费曼说，他们制造了一个可怕的东西。三一角的主任也同样心情沉重，他向其他科学家道贺，再对奥本海默说：“现在我们都成了混蛋。”最令人心寒的话是一位将军说的：“战争结束了！”

”

ORGANIZING GENIUS

THE SECRET OF CREATIVE COLLABORATION

07

曼哈顿计划

美国洛斯阿拉莫斯国家实验室原子弹团队

你拥有众多伟大的天才，但他们都各自为政，这不能成事。你要把他们集中到一个地点，与世隔绝，无法分心。你要做好总指挥，营造一个充满创造性压力的环境，让每个人竞争着去解决问题。

——奥本海默《胖子与小男孩》

Every Great Group is an island —but an island with a bridge to the mainland.

每一个伟大团队都是一座孤岛，一座有桥梁通往大陆的孤岛。

在研究伟大团队的过程中，有几个名字一再出现。还记得万尼瓦尔·布什吗？他那篇刊登于1945年《大西洋月刊》的推论性文章《我们可以如是畅想》，促使恩格尔巴特构思发明一台可以储存、分析信息的个人计算机，促成30年后便携式电脑的发明。1940年春天，正当美国人越来越可能向希特勒宣战之际，布什开始思考另一个问题：如何确保濒临战争的美国受惠于现有的科学力量？一项杰出的集体合作也因而诞生。

原子弹缘起

布什是工程师、发明家、教育家，同时也是卡内基学院的院长。他知道政府与科学之间，若没有有效的渠道相连，那么足以影响战争结果的理念与技术就有可能丧失。他的认识如此清晰，是因为他曾亲身体验过两者间缺乏协调的痛苦。在第一次世界大战期间，布什为一家发明了潜水艇磁力侦测器的研究公司工作。当时，其实已经有上百种新产品被制造出来。只可惜一如罗兹在他深具代表意义的历史著作《原子弹的制造》中所言：因为“官僚的混乱”，这种侦测器一直没有在战争中真正应用过。

布什决心要让美国利用最近在核分裂上的新发明，于是游说成立了国防研究委员会（NDRC），让这个独立单位与军方合作。国防研究委员会在罗斯福总统的亲信霍普金斯①的协助下，不到10分钟即获准成立。

制造原子弹的故事，几乎和美国南北战争之盖茨堡战役②一样多。不过真正有眼光的人是布什，而非爱因斯坦和奥本海默这些大人物。他的理想是让美国与英国密切合作，在三年内创造出一种结束战争的武器（对人类的存在构成威胁）。布什希望确保集体合作的流程完整，让伟大的科学与技术脱离理论，改变世界。回想起来，制造炸弹的决定充满了令人痛苦的暧昧。1940年，对抗希特勒的战争似乎与历史上任何一场战争一样迫切。布什的委员会让华盛顿方面听到非军方的声音，并强化了科学与军方合作的成功契机。

领导力箴言
ORGANIZING GENIUS
THE SECRET OF CREATIVE COLLABORATION

知人善任的能力也许正是伟大团队领导者最重要的才能。

尽管科学家们对制造武器多少持有保留意见，但很少有人对德国核物理学家维尔纳·海森堡（Werner Heisenberg）的天才，或对希特勒政权的残酷无情有所怀疑。具有讽刺意味的是，盟军的组成可以说是希特勒本人促成的，他不仅是魔鬼般的公敌，也赶走了太多最优秀的德国犹太科学家。在曼哈顿计划全速推动之前，布什与大部分投入计划的一流科

---

① 哈里·霍普金斯（Harry Hopkins, 1890—1946），热情推动新政，对战争问题有敏锐透彻的了解。——译者注

② 盖茨堡战役（Battle of Gettysburg），死伤约两万人，进行了三天之久，折损南军1/3的兵力，是最具决定性的一役。——译者注

学家相信，德国人将会首先制造出原子弹。阻止此事顿时变为一项神圣使命，屈指可数的几名科学家承诺投身计划，因为它是一项智慧的挑战，在物理与道德上则促使他们远离和平时期的实验室和办公室。

两位核心领导者

制造原子弹的责任落在美国史上最奇特的两个人身上。1942 年 8 月，布什找到了负责军需供应的布里恩·萨默维尔（Brehon Somervell）上将，请他推荐能够加速推动炸弹制造的军人。萨默维尔恰好有一个人选。当时 46 岁的格罗夫斯，是陆军“工程师团”的上校。他先天具有完成任务的本领：这位陆军工兵组副组长，刚刚完成有史以来最大的计划——盖好五角大楼。格罗夫斯块头很大，身高近 185 厘米，体重超过 110 公斤，而且态度直率、永不疲惫、能干过人。“具有远见”是他的典型特征，因此，他自行提议：不获升陆军准将，不接受任务。他在 1962 年回忆：

> 我觉得我和这个计划中的一些学院派科学家打交道会有困难。如果他们把我看成将军，而不只是新任的上校，我的地位会更加坚强有力。

邀请奥本海默加入“曼哈顿计划”[①] 的也是格罗夫斯。相比于一再被形容为壮硕如熊的格罗夫斯，38 岁的奥本海默却是个显得紧张、瘦弱不堪的人。一位柏克莱的朋友注意到奥本海默视线强烈的蓝眼睛，说他：“像年轻的爱因斯坦，同时又像个体型过大的合唱团男孩。”

奥本海默与敦实的美国中年人格罗夫斯完全不一样，他是个理论派，

① 最初的工作是在工程团位于曼哈顿的工程师区完成的。

一个有文化修养的文明人①，他是个不守教律的犹太人，更是个左派。虽然他不像费米②及其他人一样得过诺贝尔奖，但是在伯克利分校和加利福尼亚州理工学院都受到同事的高度评价。他缺少领导大型团队的经验，偶尔还会高高在上、说话伤人。

格罗夫斯以务实的观点认为，需要让奥本海默加入，尽管奥本海默有他的缺点。根据罗兹的报告，格罗夫斯与奥本海默的看法一致，认为这个计划需要一个中央实验室，让分散于芝加哥大学与其他地点的团队能够并肩解决一些复杂的问题，再将理论性的核分裂变为真正的武器。新上任的格罗夫斯将军表示，他希望奥本海默参加是因为："他是个天才——他什么都知道。无论提出什么，他都可以跟你聊。呃，也不见得。我猜有几件事他不知道。他对运动一窍不通。"格罗夫斯并不介意奥本海默不会计算球赛分数。他向军事策略委员会推荐了奥本海默，结果却遭到拒绝。格罗夫斯在这件事情上展现出他敏锐的洞察力，他要求他们提出更适当的人选。委员会办不到，奥本海默便加入了。

沙漠基地

格罗夫斯与奥本海默具有互补的优点，得以独立而有效率地为同一个目标努力。格罗夫斯的办公室仍旧在华盛顿特区，奥本海默得向他报告，而且还要负责征召科学家以及协调整个团队，格罗夫斯则正确地预料到这个团队里一定有不少"大牌"。格罗夫斯具备军人的海派作风，对奥本

① 为了研究他心爱的印度教福者之歌，他学会了梵文。

② 恩里科·费米（Enrico Fermi, 1901—1954），意大利裔美籍物理学家，因利用中子辐射发现新的放射性元素，及慢中子所引起的有关核反应，获得1938年诺贝尔物理奖。——译者注

海默做了重大让步，以期完成工作。格罗夫斯本来希望所有科学家都由军方派任，扩大政府的控制和保密等权限。他也要求分工，以便进行某一部分工作的科学家不能和其他团队分享信息。但奥本海默很快就发现，物理学家拉比①与其他人都反对军事化管理。于是奥本海默告诉华盛顿，假如科学家们不能保持科学上的自主，有些人将会拒绝加入。奥本海默也知道：**不能自由地交换信息，就无法继续研究科学。若不开诚布公，重要的问题也许永远不会被发现，解决之道可能永远想不出来。开诚布公具有支撑士气的作用。**

领导力箴言
ORGANIZING GENIUS
THE SECRET OF CREATIVE COLLABORATION

所有伟大团队都会充分共享信息。

格罗夫斯与奥本海默都是十分以自我为中心的人。但在重大的共同目标下，两人倒是放下了身段，商讨出妥协的办法。他们同意让科学家保有与团队中其他成员交换信息的自由，可是整个团队必须与世隔绝，位于一个遥远、由铁丝网围绕，并有警卫看守的地方。结果他们选中了新墨西哥州的美国洛斯阿拉莫斯国家实验室。**伟大团队往往是脱离周遭环境的优越孤岛。**不过美国洛斯阿拉莫斯国家实验室更是极端遗世独立。它距离圣塔菲市 56 千米，获选的原因是因为：它远离海岸与国境等易遭敌人攻击的地区，并且远离人口密集地带，但是运输设施却不受影响，同时也在新墨西哥州的荒野中。奥本海默在他不正常的青少年时期，第一次来到这里就爱上了它。成年后他还在附近有间度假屋。

① 拉比（I.I. Rabi, 1898—1988），奥地利裔美籍物理学家，因应用共振方法测定了原子核的磁距和光谱的超精细结构，获得了 1944 年诺贝尔物理学奖。——译者注

当格罗夫斯和奥本海默在 1942 年 11 月第一次勘查这个地点时，这里什么都没有，只有一所男校，一群强壮的学生和职员穿着短裤，在飘着小雪的气候下，站在户外打球。物理学家约翰·曼利（John Manley）后来说：

> 许多人以为美国洛斯阿拉莫斯国家实验室在新墨西哥州的沙漠地区。事实上，那所学校位于风景壮丽的台地中央——真是很迷人，有许多地方可供远足、散步和观赏风景。

军方买下那块地之后，保留了木屋和原有校舍，就开始着手建造实验室、宿舍以及其他设施，一个因战争爆发而由数百人迅速增加到 2 100 多位科学家、助手以及眷属的社区因而成立了。该地人口数超过 1 万人。

一条简陋的滑雪道，是美国洛斯阿拉莫斯国家实验室牧场学校原先的少数几项高级设备之一。除了骑马以外，新社区成员很快就爱上了滑雪。科学家们除了在原子弹的制造上展现他们的发明天才之外，不可避免地，他们也将这些创新用来改善沙漠营区。在原子弹的爆炸方面，贡献出最重要爆破设计的科学家乔治·基斯佳科夫斯基（George Kistiakowsky），想出了一个富有创意的法子来减少滑雪道上的树木。他利用剩余的塑料炸药，“在树干上围半圈项链，”他解释，“炸药就可以像电锯一般砍断它，速度会快得多，只不过噪音有点大而已。”

精英汇聚

在编辑劳伦斯·巴达许（Lawrence Badash）、约瑟夫·赫什菲尔德（Joseph O. Hirschfelder）和赫伯特·布罗伊达（Herbert P. Broida）三人集

结的《美国洛斯阿拉莫斯国家实验室战时回忆录》中，他们的观察是："这是自从牛顿'单独用餐'以来，首次结合最多科学智慧的一次。"奥本海默走遍全美各地，到处网罗人才。尽管美国洛斯阿拉莫斯国家实验室地处偏僻，被招募来的人员及其家人还要承担保密重任，但他仍旧很容易就找到了人。奥本海默保留了这项计划和军事机密有关的许多部分，他后来写道：

> 在新墨西哥沙漠失踪一段不确定的时期——但事情有另外一面。几乎人人都了解这是一件重责大任。每个人都了解如果研究能够成功而且速度够快，势将影响战争结局。每个人都知道这是一个为了国家利益而贡献知识和科学技术的空前机会。大家也都知道这份工作若是成功，将成为历史的一部分。这种兴奋、奉献的感觉以及爱国心，最后超越了一切。跟我谈过的人，大部分都来到美国洛斯阿拉莫斯国家实验室。

假如富有才华的人能够被集合起来拍摄一部《白雪公主与七个小矮人》的电影，那么高风险的美国洛斯阿拉莫斯国家实验室能够吸引大名鼎鼎的费米、贝特①等人热烈参与，又何足为奇呢？

开创核物理学的物理学家和化学家少之又少，他们延续着学术期刊上的前人成就，运用在自己的实验室研究中。伟大的丹麦籍物理学家玻尔在20世纪20年代主持这个领域的国际会议，吸引了包括海森堡在内的所有重要科学家前来。奥本海默也是这个国际组织的一员，因此他在网罗人才时，心中早已有一份一流的人选名单。

---

① 汉斯·贝特（Hans Bethe, 1906—2005），因对核反应理论的贡献，特别是关于恒星中能量产生的发现，获得了1967年诺贝尔物理学奖。——编者注

虽然制造原子弹的计划理应列入最高机密，但有些科学家还是毫不避讳地对他们既尊敬又信任的对象透露了不该透露的情报。当时在普林斯顿大学教书的威尔逊[①]，曾是奥本海默的学生，负责为美国洛斯阿拉莫斯国家实验室主持哈佛大学的粒子回旋加速装置的研究。威尔逊征召了年轻的费曼（当时还是普林斯顿的研究生）。后来费曼以量子电气力学赢得了诺贝尔奖，他在多年后追述此事：

> 威尔逊走进费曼的房间，说他受命进行一项机密计划，必须设法分离出铀同位素，那天3点有一场会议。费曼表示没兴趣，但是向威尔逊保证不会告诉任何人。然后费曼记得："我继续我的研究理论大概3分钟左右，接着开始踱步和思考，德国人有了希特勒，很可能打算制造原子弹，而他们先制造出来的可能性相当吓人。于是我决定参加3点的会议。到了4点钟，我在会议室已有了一张桌子，开始计算由一个离子束产生的总电流会不会使这个方法行不通，等等。我有一张桌子、一张纸，开始拼命地飞快工作，好让制造设备部门的家伙能够马上测试。"

虽然原子弹的研制继续在芝加哥大学（费米1942年首先制造和控制住核能的地方）以及其他几处进行，西方科学界的精英则在新墨西哥州渐渐汇聚。当费曼说出以下这段话时，并不夸大："战时的科学研究完全停顿了，除了美国洛斯阿拉莫斯国家实验室以外。那也不能算什么科学，而应该算是工程学。"**科学家们的平均年龄是25岁。**

① 罗伯特·威尔逊（Robert R. Wilson），因发现宇宙微波背景辐射，获得了1978年诺贝尔物理学奖。——译者注

艰苦生活中的欢乐

在当地教小学三年级的露丝记得："美国洛斯阿拉莫斯国家实验室本身就自成一个世界，一个空中之岛。"这座属于最高机密的军事基地，由军队驻防，四周围绕着铁丝网，但中间有一个洞（附近印第安人会定期溜进来，到美军福利社去）。由于这项任务实在保密周全，许多配偶（大部分是妻子）并不明白到底是怎么回事。信件受到检查，不准有私人电话。而基地内生活艰苦，不合标准的宿舍始终是个令人焦虑的问题。到了冬天，暖炉会烧得失去控制，热到极点的时候，宿舍里连蜡烛都会融化，墙壁吱吱作响。尤其讨厌的是，新盖的简陋房屋根本没打算用来撑过整个战争期间，因此没有浴缸，浴室里没有锁。美国洛斯阿拉莫斯国家实验室最好的房子叫浴缸列（Bathtub Row），是一整列在战前盖的房屋，有真正的浴缸，而不只是政府配给的淋浴设备。这 8 幢老房子里有老鼠，但是大家仍然极力争取。一名妻子回忆：当时保姆十分难觅，而浴室是吸引保姆的绝佳优势。水、牛奶、新鲜鸡蛋和蔬菜都很缺乏。唯一取之不尽的是灰尘。

身为妻子，每天都要应付衣食住行，比起重任在身的丈夫负担更重。物理学家马沙克[①]的太太露丝，回忆丈夫除了星期天之外，每天都消失在所谓的"圣者之圣地"，也就是本身另有铁丝网围墙保护的"技术区"。她清楚地指出，让丈夫去制造历史，付出代价的却是妻子。

> 技术区是个大黑洞，把我们的科学家丈夫吸了进去，几乎使他们从我们的生命中消失。男士们不单是因为好奇和热忱而投入工作，同时也发自一种被激发出来的爱国热忱。他们空前

① 罗伯特·马沙克（Robert Marshak, 1916—1992），犹太裔美籍物理学家，后来成为纽约市立大学校长。——译者注

拼命，晚上也加班工作，经常清晨三四点回家，有时就在实验室架设行军床，干脆不回家。很少有女性了解男人在那里寻找什么，也不了解研究的吸引力到底有多强大。在原子弹诞生前的那些年，某些科学家妻子的孤独和痛苦是千真万确的。

我们不能说是有人阵亡，不过在寂寞阵营中，奥本海默的太太姬蒂开始酗酒，以致女主人之职由另一位女性取而代之。

不论对寂寞的说法有多夸大，美国洛斯阿拉莫斯国家实验室是个充满性吸引力的地方。领导“炸弹物理理论部”的是巴彻[①]。他的妻子琼形容美国洛斯阿拉莫斯国家实验室“百无禁忌，完全放松”，这种气氛显然十分有利于生产。较大规模的婴儿潮必须等到战后才开始，不过在美国洛斯阿拉莫斯国家实验室，投入战争行列的年轻人并没有和妻子分开，因此自然出现了婴儿潮。单是第一年就有 80 名婴儿诞生。你当然知道爸爸是谁；他们站在营区医院外，透过窗户骄傲地望着育婴室中拥挤排列的婴儿床。据悉，格罗夫斯对下属这些大牌科学家的多产极为震怒，连奥本海默夫妇也在研究期间生了个女儿凯瑟琳。听说格罗夫斯想采取对策抑制人口暴增，结果引来一首打油诗，在营区内广为流传：

将军忧心如焚，
他信任你和我，
料想我们会发明创造，
不料我们只事生产。
他该怎么办？

① 罗伯特·巴彻（Robert Bacher, 1905—2004），核物理学家，美国原子能委员会首批成员之一，第二次世界大战后成为倡导和平利用原子能的先驱。——译者注

不论将军管不管得着，婴儿的制造仍在继续进行。

曼哈顿计划中的女性是很辛苦的。从共同发明钋和镭的居里夫人，到与外甥奥托·弗里希（Otto Frisch）共同发现捕获中子能释放大量能量却不被重视的迈特纳[①]等。女性在核物理史上的每一阶段都举足轻重，但她们在美国洛斯阿拉莫斯国家实验室的“技术区”却刻意被贬为少数民族。那里有几位女性物理学家和其他方面的科学家，不过女性大都扮演支持角色，处理微不足道的数学计算工作，或是担任秘书。美国洛斯阿拉莫斯国家实验室所建立的模式，造成本来可以留在家的女性，不论专长如何都要追随男性左右，但又多半屈居配角。

我们一次又一次地自问，在美国洛斯阿拉莫斯国家实验室、帕洛阿尔托研究中心及其他杰出的合作组织中，何以女性为数不多。很显然，直到女性主义开始抬头以前，整个西方世界以及在美国洛斯阿拉莫斯国家实验室有才华的女性，都要付出重大牺牲。而在如此富有创意又能突破限制的团队中，这种事格外令人沮丧。尤其这类团队标榜以集体合作为本质，因此更叫人加倍困扰。女性在许多方面是集体合作的先驱，从19世纪的苏珊·安东尼（Susan B. Anthony）和她争取美国妇女权利的姐妹们到亚当斯[②]，以及其他创立了诸如中途之家的女性。妇女在认定共同

① 莉泽·迈特纳（Lise Meitner, 1878—1968），犹太血统的奥地利裔瑞典籍物理学家、放射化学家，发现了核裂变的理论基础，扩展了对放射性的本质认识，对原子核的组成的认识和放射性的能量释放也做出了重要贡献。1994年5月IUPAC通过一项决议，建议把第109号元素命名为Meitnerium，以纪念核物理学家莉泽·迈特纳。——译者注

② 珍妮·亚当斯（Jane Addams, 1860—1935），美国社工先驱，帮助劳工阶级家庭的机构——赫尔大厦（Hall House）的创始人。她致力于社会改革及世界和平，提倡女性主义。——译者注

问题及找出集体解决之道方面，一直居于领先地位，然而她们却在这个时代最重要的集体合作中，一次又一次遭受排挤；更正确的说法是，被设限隔绝。这种显而易见的排挤传统，并不因时间的演变而变得比较高尚。但是假如不放眼天下，再去寻找其他理由，同样会造成伤害。我们是否以不同的方式教育女性？答案当然是肯定的。我们是否仍对女性与男性在家庭中的相对角色有着不同的期望？男人与女人本身是否仍对这些重要问题抱有各自的想法？

美国洛斯阿拉莫斯国家实验室的女性是勇敢的，这一点不容置疑。爱德华·泰勒（Edward Teller）的妻子米奇就发起了一项高效率的行动，阻止营区内珍贵的树木被军方推土机铲除。妇女们坐在树下，阻止推土机开过来。不过尽管女性都很杰出，能够克服文化偏差，但相信自己能与男人平起平坐的则属少数。她们不像诗人珀西·雪莱（Percy Bysshe Shelleys），而像他太太玛丽·雪莱，不太可能对宝宝的饥饿哭声充耳不闻。在战后的一次调查会议上，费米的妻子劳拉指出，美国洛斯阿拉莫斯国家实验室的女性担任了重要的角色。“物理学家阿尔戈女士，对这个计划的确尽了若干责任，”接下来的话意义深远，“但她必须照料孩子。”的确，事情总要有人做。

领导力箴言
ORGANIZING GENIUS
THE SECRET OF CREATIVE COLLABORATION

伟大团队是采取行动的场所，而不是只构思各种想法的智库或退休中心。

虽然美国洛斯阿拉莫斯国家实验室的生活困顿，但是大部分科学家以及参与者都认为，**那是一段全力投入与士气高涨的罕见日子**。流亡理论家魏斯科普夫[1]回忆：“你知道当时有一道大围篱围绕着我们，而我们总是说：‘那道围篱阻止不了我们出去，却阻止了其他人进来。’我们以为这个地方很特别，外面的人应当羡慕我们，因为我们可以在这里做如此重要而又有趣的工作。”魏斯科普夫指出，许多科学家本来希望原子弹造不出来，而一旦发现有可能制造，他们又希望能以成果结束战争（不仅是这一场战争），这是玻尔与其他人坚信的。

虽然道德问题从原子弹开始制造的那一刻起，就存在于某些人心中，但是无人相信德国先制造出来会有利于世局。这个威胁造成美国洛斯阿拉莫斯国家实验室陷入疯狂的节奏。技术文书管理师塞尔巴除了保管机密档案外，也管理书籍与文件，她表示技术区的生活有一种“甲状腺功能亢进的特质”。

> 它的节奏太快，兴奋太过度。整个部门不断处于拉警报的状态中，不久我们就很清楚：“加速”是永远的节奏，“兴奋”则是永恒的情绪。

在那股带着电流的气氛中，寻常的现实被暂时搁置。原子弹造成的冲击以及可能的疑虑，也可以暂置一旁。工作使人分心，足以遏止参与者个人的痛苦，其中包括某些被困在欧洲的家人，费曼年轻的妻子因肺结核、生命垂危而躺在圣塔菲的医院中。奥本海默则把自己累得形容枯槁。如此一来似乎能够躲在工作中，暂时脱离他终生的阴影：那具有自杀倾向的沮丧。

---

① 维克托·魏斯科普夫（Victor Weisskopf），当代著名物理学家。曾任欧洲粒子物理研究中心主任。他亲自参加了美国原子弹发展与创造的核心工作，最后反对核战而力主和平。——译者注

枯燥工作中的乐趣

虽然这个计划的目标高尚且严肃，团队气氛却并非如此。**在伟大团队中总是这样，人们总是创造无尽的乐趣。**尽管有些非科学家还有其他想法，科学家其实并不见得无趣。奥本海默本质上就富有哲学味而严肃，另一些同事则截然不同。他的“左右手”贝特就是个不折不扣的开心果，担任兵工及理论组组长的赫什菲尔德说：“我的办公室在走廊一头，只要费曼和贝特在一起，我一定会知道，因为那儿经常会传出爆笑声。”一般平民百姓和他们的家属都鄙视营区的军事规定，且加以无情鞭挞。保全措施严格到营区居民不准向任何人透露自己是物理学家或化学家，也不准称呼任何人为博士或教授。于是他们称物理学家为“失败者”，化学家为“讨厌鬼”，原子弹则被称为“小玩意儿”。

天才费米也有其恶作剧的一面。安全代号叫作“农夫先生”的费米，据说有一次去找化名叫“贝克”或“尼克叔叔”的玻尔。当时，刚放映完《居里夫人》（*Madam Curie*）这部电影。农夫先生对贝克说：“我刚刚看了一部精彩的电影。”片名叫什么？“库珀……夫人。”更敏感的一则笑话是在公共寻人系统上寻找海森堡（他们的科学友人，但在敌对国德国研究原子弹）。经过连续两天，最后终于有人告诉那名可怜的总机，她被耍了；如果她想找海森堡，就得联络柏林，寻找德国制造炸弹的首脑。许多夜晚和周日，则和漫长的工作日一样令人亢奋。方块舞开始在营区流行起来，宴会更是经常喧闹地举行，医院总是忙着治疗滑雪受伤的病患。营区居民发觉附近圣伊尔德丰索村（San Ildefonso）的玛里亚·马丁内斯（Maria Martinez）制造的黑陶器很美，而基斯佳科夫斯基则向许多欧洲人介绍神秘的扑克牌游戏，在他们弄清楚门道之前，好好痛宰他们一番。

美国洛斯阿拉莫斯国家实验室没有特制的T恤，但也有一些特别的制服。在20世纪40年代初，美国女性依旧戴帽子和手套进城。但在这座空中孤岛，女性通常穿着在当时相当罕见的宽松长裤和牛仔裤，节庆时穿的大蓬裙、民俗首饰、鹿皮鞋也很受欢迎。许多男性穿的是格子衬衫、牛仔裤或没烫过的长裤，只在拍照时才打上领带。奥本海默的标志是一顶猪排形的帽子。美国洛斯阿拉莫斯国家实验室的文化太独特、太具凝聚力，所以很容易遭人非议。工作于理论部领导“计算团队”（Computation Group）的唐纳德·弗兰德斯（Donald Flanders），创造了一出滑稽芭蕾舞剧《梅沙的秘密》（*Sacre du Mesa*）。化名“姘妇”的弗兰德斯主演的是格罗夫斯将军一角，负责计算工作的伯尼斯回忆：当时主要的道具“是一个会发出闪光、砰砰啪啪作响的人工脑（mechanical brain），不断表演计算错误，比方说2 + 2 = 5”。

奥本海默的领导艺术

奥本海默是美国洛斯阿拉莫斯国家实验室的黏合剂。后来与他水火不容的泰勒，对他领导实验室的手法给予了最高评价：“奥本海默对实验室每一部分发生的事都了如指掌。”泰勒回忆1983年的事：

> 他对人的分析就像对技术问题一样奇快无比，观察入微。他知道如何组织，如何用甜言蜜语及幽默来安抚人心，也知道如何不着印记地强势领导。他是奉献的榜样，一个永不失人性的英雄。令他失望会叫你觉得是自己做错了事。美国洛斯阿拉莫斯国家实验室惊人的成就来自卓越、狂热以及奥本海默的领导者风范。

能看出奥本海默伟大潜力的是敏锐的格罗夫斯。奥本海默在美国洛斯阿拉莫斯国家实验室发生了改变，让自己变成必不可少的人物。举例来说，在伯克利分校，奥本海默从不在上午 11：00 以前计划好课程。而在美国洛斯阿拉莫斯国家实验室，他早晨 7：30 就到办公桌前坐下了。被他选中领导“理论部”的贝特（他没有选择泰勒）也同样盛赞奥本海默：

> 不管听到任何事，他都能立刻理解，把它列入计划，并作出正确的结论。

贝特对罗兹说：

> 实验室没有人比得上他的学问。他具有人性的温暖。每个人都感觉奥本海默在意每一个人在做什么事。与人交谈时，他会让对方了解自己的工作对计划成败十分重要。我不记得他在美国洛斯阿拉莫斯国家实验室曾对任何人假以辞色，而在战前和战后他却经常不客气。他在美国洛斯阿拉莫斯国家实验室不会让人感到低人一等，一个都不会。

魏斯科普夫谈到奥本海默“永远在场强势领导，使我们每一个人都产生直接参与的感觉。它造成一股独特的热忱和挑战，完全超越当时”。魏斯科普夫记得奥本海默几乎有一种不可思议的力量，能在棘手的关键适时出现：“我记得当我正在讨论一件要事，他就来了。我不晓得他是如何知道的；要不然就是在结果将要出来的最后实验阶段。即使是清晨 4：00，他也会跑来。”

他的一些同事谈到，与他接触过的人都有被赋予崇高的感受。威尔逊说：

> 奥本海默提升了我，他的风格——那种对我们所从事的事业、对人生、对人际关系的诗意观点，处处都感染了我。有他在场，我觉得自己更聪明、更能表达自我、更热烈、更有先见之明，也更有诗意。

几位最负盛名的同事都谈到奥本海默对这个计划所灌注的兴奋感。物理学家拉比说：

> 他制造出兴奋、热切、高度智力智慧与道德目标感，凡是参与者至今都保持这样的感觉，觉得这是他们生命中最棒的经历。

不过某些人听说，一向被警卫重重保护的奥本海默因为在战后支持左派，而甘愿供出一些重要参与者的名字，都感到相当不安，因为他的道德领导在“曼哈顿计划”进行期间，是毫无瑕疵的。**当全世界最杰出的一群人受命制造一件开天辟地的武器时，相信领导者“绝对正确”是万分重要的。**

在美国洛斯阿拉莫斯国家实验室，奥本海默既是行动者，也是有远见的人。这里虽然充满了兴奋和同胞之谊，却不是理想国。虽然工作的重要使人暂时搁置人际间的紧张，但偶尔也有脱序现象。这时奥本海默必须作出痛苦的决定，让工作继续进行。脾气最坏的当属泰勒，他拒绝贝特的领导。奥本海默明白泰勒无法被迫或被诱导去从事最需要他做的事，便让他进行核融合，而非核分裂。奥本海默知道没有任何办法可以保证让泰勒发挥他特殊的天分。

另一项痛苦的决定，牵涉基斯佳科夫斯基和塞思·内德梅耶（Seth Neddermeyer）之间持续不断的紧张关系。年轻的物理学家内德梅耶首先提出向内爆炸的原子弹（它后来被昵称为“胖子”）。基斯佳科夫斯基是由化学家转为爆破专家，他到美国洛斯阿拉莫斯国家实验室负责监督爆破工作，内德梅耶则继续这方面的研究。基斯佳科夫斯基与负责兵工组的海军军官帕森斯（Deke Parsons）合作融洽。可是内德梅耶与帕森斯却关系冷淡，因为帕森斯在一次团队会议上，不屑地否决了内德梅耶的爆破设计。1944 年年中，基斯佳科夫斯基因为内德梅耶的不信任以及缺少“友善的互动”，失望地决定辞职。奥本海默相信基斯佳科夫斯基太有价值，不能失去他，便要他负责整个计划，在帕森斯下面工作。内德梅耶调任资深技术顾问，这是一次屈辱的降级。奥本海默在一封给内德梅耶的信上解释，他希望内德梅耶能接受新职。“为了整个计划的成功，以及高爆炸计划工作者的和平与效率，”罗兹回忆，“内德梅耶含辱受命。”**伟大团队的成员会为了任务而牺牲自我，但大公无私却不见得能消除痛苦。**

领导力箴言
ORGANIZING GENIUS
THE SECRET OF CREATIVE COLLABORATION

伟大团队的成员也需要相当大的自主权，这是必要条件。

你也许忍不住猜想，若不是格罗夫斯像完美避雷针一样收集了积累的压力，奥本海默恐怕不会这么广受敬重和爱戴。不管是军用福利社的鸡蛋过期了，还是墨西哥裔和原住民女仆的工作安排有问题，只要一出差错，什么事都怪罪于格罗夫斯。赫什菲尔德回忆道：

他工作极端卖力而且有效率，可是他偏偏具有说错话、激怒他人的本事。他从来不了解科学家，他们都恨他恨得半死。比方说，他鼓励女儿念物理，女儿说："爸爸，你知道物理学家对你是怎么看的！"

照赫什菲尔德看来，格罗夫斯的弱点在于他自视过高。例如，他喜欢让大家知道奥本海默必须向他报告。而科学家高人一等的优越感，也可能引起对格罗夫斯的不满，因为格罗夫斯是个超凡的领导者，除了统领美国洛斯阿拉莫斯国家实验室外，还分别在田纳西州（Tennessee）橡树岭（Oak Ridge）创设统筹铀分裂的庞大计划，同时负责华盛顿汉福德（Hanford）的原子组合计划。

人尽其才

美国洛斯阿拉莫斯国家实验室与帕洛阿尔托研究中心一样，是个人们彼此征询意见，甚至帮对方做事的地方。奉召进入美国洛斯阿拉莫斯国家实验室的人，多半因为他们是某一个领域的专家，一旦解决了被分派到的问题，就可以去做其他事。而在其他计划上，他们唯一的长处就是一流的心智（基于安全理由，在战争结束前，这些科学家通常不能回自己的学校或实验室）。赫什菲尔德就是典型的例子。他是位物理学家，到美国洛斯阿拉莫斯国家实验室的目的是决定炮弹特性，和需要多少火药去点燃铀弹(代号"小男孩")。他和组员只花三个星期就把工作完成了。之后，他被调任为"理论组"团队长，负责研究炸弹真正引爆后的效果。他与组员很快就自行学会了空气动力学、空气污染和沙爆物理学。他们的结论是：爆炸会造成辐射尘。组员们起先不愿面对，直到发现可怕的证据才接受。由于在美国洛斯阿拉莫斯国家实验室的经验，赫什菲尔德相信：智能上的弹性应当成为高等教育的确切目标，正如专精于某项训练一样重要。

曼哈顿计划与其他伟大团队一样，为一份工作寻觅恰当的人选时，看中的是能力而非背景。举例来说，在 1942 年时因为找不到满意的阻隔物质，想借气体扩散把铀 235 从普通的铀 238 同位素中分离出来的计划暂时喊停。而一个负责解决这个不可能任务的团队奉命成立了，包括室内设计师诺里斯①，另外一个是诺贝尔奖得主尤里②最得意的门生爱德华·阿德勒（Edward Adler）。两人发明出一种镍网阻隔器，看起来很有成功的希望，于是交给飞机制造厂去制造（这个另类方式成功了）。

美国洛斯阿拉莫斯国家实验室的工作通常是就地取材。基斯佳科夫斯基举了一个戏剧性的例子。向内爆炸的原子弹需要形状完美的填充物。他和同事们发展出一套系统，可以用 X 光透视爆炸铸件，发掘由空中气涡所造成的洞。但是他们制造不出完美的铸件。由于三一角测试（Trinity Test）已迫在眉睫，基斯佳科夫斯基便连夜赶工，利用牙医的钻孔器伸进空中气涡里去找铸件里面的洞，并以火药填满。基斯佳科夫斯基将这件危险的辛苦差事视为理所当然。他告诉罗兹："你不会担心，我是说，如果有 23 公斤炸药放在你膝上，你不会不知道。"

务实是美国洛斯阿拉莫斯国家实验室的信条。大家经常必须即兴发明，不仅是发明设备而已。像泰勒这样对任何小事都有意见、极力反对的人物，总是比那些找出另类解法的聪明人成就要小。基斯佳科夫斯基

---

① 爱德华·诺里斯（Edward Norris），制造出一种电沉积镍网，用于他设计的油漆喷射器中。——译者注

② 哈罗德·尤里（Harold Urey, 1893—1981），1934 年诺贝尔化学奖得主。1953 年以模拟大气方式，由无机物（水汽、氨、氢、甲烷）合成了有机物（蛋白质、核酸）。——译者注

有次带了一名英国爆破专家到实验室参观。这个英国人认为基斯佳科夫斯基选择的爆裂物巴雷特（Baratol）不如炸药效果好。不幸的是，这位彻韦尔爵士是丘吉尔的首席科学顾问。奥本海默在他来访后不久，把基斯佳科夫斯基叫进办公室：罗斯福总统接到丘吉尔的电报，表示巴雷特不管用。基斯佳科夫斯基记得自己回嘴：让那个拍电报的人去死好了。不过基斯佳科夫斯基也做了他该做的事：成立实验室，研究如何将炸药用在爆炸上。他也许直觉地在向命运做无谓的咒骂，但是他也想出了一个天才办法，确保炸药问题不会阻挠他对巴雷特的研究。他翻遍人事资料，挑选到目前为止毫无贡献的人来研究炸药。这个刻意组成的团队全是废物，当然威胁不到他自己的精英团队。

但也有些人进入美国洛斯阿拉莫斯国家实验室时，其实是抱着原子弹制造不出来的希望。只可惜，1945 年 7 月 16 日进行三一角测试时，这个希望永久幻灭了。威尔逊的妻子简称它为“怪兽的诞生”。她知道那天将会发生一件历史性的大事。她在杰姆兹（Jemez）山的滑雪坡道上观望，向南望着位于阿拉莫戈多（Alamogordo）的测试地点。“5：00，5：15，然后它来了，那令人失明的强光是我们从未见过的。被照亮的树木全部跳了起来。山脉在强光中动了。之后就是那长而缓慢的隆隆声。喔，的确发生了件大事，不论是好是坏，一桩美事或是一桩可怕的事。”

死神之歌

在这划时代的瞬间，奥本海默想起了印度教福者之歌中的一段文字：

当成千太阳的光芒迸耀天上，

此景如同天神宝相……

之后的那朵不祥之云使他想起另一句话："我成了死神，世界的毁灭者。"偏重实验的费米则忙于丢出纸张，分析爆炸的威力。爆炸将纸张推送到2.15米以外，费米因而正确估算出原子弹释放出了1万吨黄色炸药的毁灭性能量。大多数科学家都陶醉在实验的成功中。威尔逊却不然，他告诉费曼说他们制造了一个可怕的东西。三一角的主任肯尼思·班布里奇（Kenneth Bainbridge）也同样心情沉重。他向其他科学家道贺，再对奥本海默说："现在我们都成了混蛋。"最令人心寒的话是格罗夫斯说的。他下属的一位将军对他说："战争结束了！"

"是呀，"格罗夫斯说，"等我们在日本投下两枚原子弹。"

从某些方面来说，科学家们对原子弹失去了控制。走到这一步是不可避免的。玻尔后来同时把炸弹视为：史无前例的恐怖以及结束战争的绝佳机会，于是毅然试图影响公共政策。他和罗斯福、丘吉尔会面，力争分享核武器秘密，并建立国际组织进行控制。罗斯福心存悲悯，但丘吉尔却不然。接着，事情发生了惊人的变化，罗斯福在1945年4月12日去世。新任总统杜鲁门宣示就职前，完全不知道美国洛斯阿拉莫斯国家实验室，以及它所研制出来的可怕武器。到了1945年，不仅好战分子鼓吹对日使用原子弹，盟军在太平洋战场也遭遇了恐怖的伤亡。大部分人相信日本人会誓死捍卫他们的家园。专家们估计盟军攻击日本本土时，会有数以万计人死亡。正直人士自问若是展示原子弹威力，是否足以迫使日本天皇投降。连奥本海默都说他不敢确定。

代号"伊诺拉·盖伊"（Enola Gay）的第一枚原子弹，在1945年8月6日早晨8：15落在广岛。这枚在技术上较简单的"小男孩"原子弹，与向内爆炸型原子弹不同，它从未实地测试。制造它的人知道它会发挥作用。这次攻击造成10万人不幸死亡，还有好几千人将在以后的年月中死于辐射。“胖子”（Fat Man）则于8月9日投在长崎。5天后日本宣布投降。

杜鲁门有一次对国务卿迪安·艾奇逊（Dean Acheson）说，不要再带奥本海默来见他。他说:“他只不过制造了原子弹，发射的人是我。”

杜鲁门毫无玻尔等人所感受的良心谴责。杜鲁门说:“我们找到原子弹，也用了它。我们用它减少了许多美国年轻人的痛苦。”

伟大团队总是致力于改变世界，但很少有团队像“曼哈顿计划”这样具有决定性。许多曾在美国洛斯阿拉莫斯国家实验室工作过的人，终其一生都想适应这次成功所造成的冲击。他们共同完成的是一件困难、刺激、重要无比的大事，在他们生命中没有其他事情足堪比拟。他们拼命制造出的“小玩意儿”结束了一场不幸的战争，但也改变了世界。从此人们对科学、技术和人类发明的运用，都产生了不安的疑问，至今我们仍在这些疑问中挣扎。

“

WARREN BENNIS

THE SECRET OF CREATIVE COLLABORATION

你拥有众多伟大的天才，但他们都各自为政，这不能成事。你要把他们集中到一个地点，与世隔绝，无法分心。你要做好总指挥，营造一个充满创造性压力，让每个人竞争着去解决问题。

”

ORGANIZING GENIUS

THE SECRET OF CREATIVE COLLABORATION

08 伟大团队的15条经验

领导者在建立社会心态中发挥着重要作用。他们可以成为社会道德的符号；可以展现社会整体的价值观。最重要的是，他们可以构想和传达具有号召力的目标，把人们从关注琐事的注意力中解放出来，带领大家超越造成分裂的社会冲突，团结人们追求值得他们付出最大努力的目标。

——约翰·W. 加德纳

Great Groups see themselves as winning underdogs.

伟大团队是赢得胜利的挑战者。

伟大团队的生活与现实生活有相当大的差距。摄制《小鹿斑比》的恩格尔记得，迪士尼公司的动画家每天都急着起床，奔向他们的画板。费米与“曼哈顿计划”的其他天才则忙着研究他们的“小玩意儿”；即使星期天不上班，他们在山区散步时也在工作。这不只因为工作吸引他们，而是工作过程就足以令人兴奋快乐。在伟大团队中少有快乐时刻，你会理解科沃德[①]的观察千真万确：

工作就是最大的快乐。

伟大团队发生的事情，在一般团队不会发生——即便是十分优秀的团队。那就是“炼金术一般的神效”，其结果不只是计算机革命或一种新的艺术形式而已，而是造成参与者“质”的改变。**项目进行期间，在伟大团队内，人们似乎变得比原来更优秀。他们能完成更多、看到更多，而且比独自拼命愉快许多。**全盛时期的帕洛阿尔托研究中心和迪士尼动画公司的快速成长是罕见的，但是他们也可以比现在成就更高。

① 诺埃尔·科沃德（Noel coward, 1899—1973），英国著名演员、剧作家、作曲家，同时很会唱歌。——译者注

我们大部分人都经历过在极有潜力的团队，却总难成功的严重挫折。伟大团队中的那种以几何级数涌现出的想法和活力，总是不见发生——即使有人才，也有冲劲，而且计划也似乎充满希望。当你回顾这些难产时，总会凛然感到一股哀伤，忍不住自问："问题出在哪里？"

伟大团队不仅是一群一流头脑的结合，它简直就是奇迹。除非某些条件配合，否则奇迹是不会出现的。罗兰·约菲（Roland Joffe）在1989年拍摄的有关"曼哈顿计划"的电影《胖子与小男孩》（*Fat Man and Little Boy*）中，有一场具有标志性的戏，已经指出了一些关键要点。影星保罗·纽曼饰演的格罗夫斯将军问德怀特·舒尔茨（Dwight Shultz）饰演的奥本海默：小玩意儿要如何才能制造出来？"专注。"奥本海默回答，一语道出了伟大团队的关键。

> 你拥有众多伟大的天才，但他们都各自为政，这不能成事。你要把他们集中到一个地点，与世隔绝，无法分心。你要做好总指挥，营造一个充满创造性压力的环境，让每个人竞争着去解决问题。

银幕上的奥本海默和本人一样，很了解他的创意组合。任何团队都不能保证会有伟大的成就，不过把这个可能性扩大，却是有办法的。前面介绍的每一个伟大团队，都有值得我们学习的重要心得，以下是来自这些伟大团队的15条最重要的经验。

1. 伟大始于一流人才

帕洛阿尔托研究中心的领导人泰勒喜欢说："你不能集合一群良好的人，来代替一个最优秀的人。"他说得对。招募最杰出的人选是创造伟大团队的第一步。能够完成史无前例创举的人，都有非凡的天分和智慧。他们具有原创性，对事情有不同的看法，能找出漏洞，发现有趣、重要的问题，而又有本事解决难题。他们只想做下一件事，而非最后一件。他们看得出事物的关联、具有专业技能、兴趣广泛、能旁征博引。他们也是精通多方面的通才，而非狭隘的专才。他们不会太专注于一门学问，看不见其他解决之道。他们在成为计算机科学家及动画家之前，是擅长解决问题的人。他们永不停止寻求新关系，以更好更新的方式做事，就像永不停止呼吸一样。他们还具有完成一切有价值的事的最重要的一点——执着。

2. 伟大团队和伟大领导者相互成就

伟大团队证明了“成功的组织是一个伟人的延伸”这项观念完全错误。人生中，我们不可能单凭一己之力就解决重大问题。我们喜欢塑造英雄，却不符合大部分大型问题需要集体智慧来解决的现实。爱迪生努力地坚称自己的发明完全出自他多产的大脑，可是其实有许多人与他合作，虽然他们都是无名英雄。在这个不断变化、全球化、高科技的社会里，集体合作是一种必需。**独行侠和孤胆英雄已经不存在了。取而代之的是一种新形式的创造性成果：伟大团队。没有伟大的领导者，伟大团队就不存在。**但团队并非领导者的延伸，迪士尼、赖斯、乔布斯不仅统领伟大团队，也激发出自身的成就。一如作家加德纳所言，奥本海默在加入“曼哈顿计划”前后，都未显现他有了不起的领导能力，然而当世界需要他，他竟能发挥连自己都意外的内在潜力。当然，**伟大团队的领导者必须培养适应团队风格的领导力。**标准的领导模型，尤其是一言堂式的专断作风，绝对行不通。**伟大团队的领导者必须决断，但不专断。**他们必须做决定，但不能限制其他参与者早已认可的自主权。设计和维持一种让人们能“在宇宙间留下印记”的氛围，正是领导者所需的创造性行为。

3. 每一个伟大团队都有一位坚强有力的领导者

这是创造性合作组织的矛盾。伟大团队是由罕见的天才组成的，在平等地位下共同合作。然而每个团队中都有一位像指挥官一般的人，负责组合这群天才。此人是个务实的梦想者，具有原创的、可实现的愿景。具有讽刺意味的是，领导者必须让其他人自由贡献超凡的能力，自己的梦想才能实现。**领导者自然是招兵买马的人，他会把愿景描述为触手可及、诱人至极，让每个人都看得见，并渴望参与。**

领导者在团队中往往是个出色的总管，能够驱除分心事物，让其他人专心致志，并在遭遇挫折和压力之际，让众人保持希望。**伟大团队最大的快乐是他们绝不官僚。**团队中的人都不受限于琐事和专制。每个人经常直接和领导者交涉，对方也能当场作出决定。

伟大团队的领导者必然有绝佳的品位。他们和其他创意人的感受不同。他们是管理者，主要任务不是创造，而是选择。**知人善任的能力也许正是伟大团队领导者最重要的才能。**奥本海默无法单独以个人力量制造原子弹，可是他知道谁办得到，于是从各种可能人选中挑选，再从中协助条件最好的中选者。这些领导者都像是伟大的指挥家。他们也许不会表演莫扎特第一号小提琴协奏曲，却能深切理解，并创造出一个实现它的必要环境。

领导者必须要对团队有价值。天分比他更高之人必须能敬重他，一如帕洛阿尔托研究中心的泰勒。“尊重”是关键。伟大团队是自愿的组织。参与者不是为了金钱，甚至不是为了荣耀，而是因为他们热爱这份工作、热爱这个计划。领导者对工作的直觉和正派作风，必须让大家有完全的信心。伟大团队的领导者不必是圣人。但在与计划有关的事物上，必须让大家完全信赖他。约翰逊是个吝啬鬼，但是他对飞机的事情却拒绝妥协，因而受到“臭鼬计划”成员的敬仰。有一次他推掉一笔上百万美元资助的机会，不愿继续进行一个他不相信的计划。沃尔特是个惹人厌、心胸狭窄的人，可是为他拍摄动画电影的下属都知道，他的创意决定几乎永远无懈可击。

4. 伟大团队的领导者既爱才如命，又知道去何处招募人才

伟大团队的领导者都深具信心，能吸引比他们更优秀的人。他们陶醉在他人的天分中。

你到哪里去找寻组成伟大团队的人才？有时候他们会来找你。天才能够感知充满前途、能量、塑造未来的地方。而富有天分的人往往能捕捉住时代的潮流，随势抵达彼岸。有些学校和学术机构是吸引天才的磁场。某些城市也具有同样的功能。对许多计算机程序员和某种风格的一流摇滚乐手而言，西雅图是吸引他们的城市。网络空间因为少了地理限制，也是许多天才聚集的世界。

口口相传是吸引天才投入伟大团队的重要方式，黑山学院正是这样组成的。不过团队的优劣足以显现领导者的人脉。许多伟大团队始于伟大的名片簿。奥本海默之所以清楚“曼哈顿计划”需要哪些物理学

家，正因为他是国际物理学家组织的一员，那些人曾在最好的学校受过训练，能够经由科学期刊和国际会议，随时了解他人的成就。泰勒认识当年最杰出的计算机科学家，因为他曾为筹募联邦基金而评估过这些人的成就。奥尔森为黑山学院搜罗人才时，就十分依赖他文学界的众多好友。

人脉网络越宽广多变，伟大团队的潜力就越大。团队中的人才越丰富，就越可能建立新的渠道，新观念也越容易诞生。

身为杰出团队的一员，每个人都会受到深刻的冲击。他们知道自己被纳入团队，即代表自己够杰出。于是团队中的人都展开最大竞争，一方面希望表现出色，一方面也希望超越同事，以得到他们最敬仰的领导者的尊重。伟大团队中的人总是在扩展自己的贡献，因为他们周遭全是巨人。对这类团队的成员来说，真正的竞争对手是自己——到底自己有多少能耐，能把才华发挥得多么淋漓尽致，就成了持续的考验。

5. 伟大团队充满能够合作共事的天才

这一点固然重要，但是天才总是令人目眩的、深具吸引力的，以至于让人忘了不是每一个天才都能与人和睦相处。某些任务需要集体合作，若是找到一个无法与他人并肩完成共同目标的人，无论此人多么有才华，要聘用他都不可行。因为一生致力于制裁核武器而获得 1996 年诺贝尔和平奖的约瑟夫·罗特伯拉特（Joseph Rotblat），是基于道德理由而退出“曼哈顿计划”的唯一科学家。他对于科学家们竟同意不对苏联和其他人泄漏他们的发明而感到心寒。尽管他在理论物理学上是个首屈一指的人物，却因其强烈的个人理念与团队背道而驰，完全不适于参加“曼哈顿计划”。他强烈的信念促使他成立了自己的组织——以伦敦为大本营的帕格沃什会议（Pugwash Conferences），借此反映他公开科学和解除核武器的志向。

合作是伟大团队成员的必要条件，和蔼可亲却非必要条件。伟大团队也许因为过度专注于工作本身，而比一般团队更能容忍个体差异。高于一切的使命就像社交润滑剂一样，可以减低人际摩擦。分享信息、推进工作，才是唯一的社会责任。

伟大团队中优秀成员的定义，与一般团队不同。当你的毕生使命是为人类找出信息交流新方式，或实现某种崇高目标的时候，也许能容忍某个能协助你、社交手腕却不够圆滑的同事。致力于突破性集体计划的人，对于能挑战和考验其理念的人会有高度评价。年轻的费曼就因指称他在美国洛斯阿拉莫斯国家实验室前辈的想法愚蠢而声名狼藉。可是费曼仍是该计划受重视的人物，因为他直言不讳，必然引起深入质疑或分析，促使每一个人更深入思考。玻尔至少有一次找过费曼，不像其他人那样被盛名吓倒，因为他知道费曼会坦率评估他的想法。不论同事喜不喜欢他，他们都承认费曼是个好同事：他提升了他们的动力。

6. 伟大团队认为他们在执行神圣使命

不论是将候选人送进白宫，或是拯救自由世界，伟大团队永远相信他们所从事的是一件重大甚至神圣的工作。团队成员全都信仰虔诚，没有怀疑论者，而他们在描述工作时所用的比喻，就像在描述战争和宗教。伟大团队中的人通常具有改革热忱，都是最近发现了伟大真理、并誓死追随真理的人。

伟大团队所参与的是一场圣战。心理状态是明确的。大家都知道一旦投入其中就必须有所牺牲，不过他们也知道自己所做的事具有划时代的意义，值得全力付出。当你疯狂撰写计算机程序，靠可乐与比萨饼过活时，你不会怀疑自己的工作是否有意义；你全然专注、投入问题，迷失在任务中。不过伟大团队的成员，与花费无数时间、沦为电动玩具和其他琐碎目标的奴隶不同。他们明确的共同目的使每一件事都变得有意义、有价值。

一个足够强大的愿景，能将失落和索然无味转化为牺牲。“曼哈顿计划”的科学家自愿放下个人事业，去承担一桩本质上算是丰功伟业的任务，他们相信自由世界仰赖他们。费曼在回溯昔日的美国洛斯阿拉莫斯国家实验室时，说到一个故事，反映出愿景能成功地带来工作意义和价值。军方当时从美国各地招聘了杰出的工程师和其他人才，进行这个计划的一些特殊任务。他们当年的功用就像最原始的计算机，从事能量计算和其他枝微末节。而军方太在意保密，拒绝告诉任何人细节。大伙不知道正在制造一个将会结束战争的武器，也不明白计算些什么。他们反正把该做的做完就行了，结果动作很慢，而且成效不彰。作为监督技术人员的费曼便说服上级，对这些人员说明他们正在做什么、理由何在。结果上面批准解除保密后，再由奥本海默向他们解说这个计划的本质以及他们的贡献。费曼回忆说：

> 人们完全改变了！他们开始发明把事情做好的方式。不但改善了设计，晚上加班用不着监督，什么都不需要了。他们一切都能了解，还发明了几个程序让我们运用。

而“永远的”科学家费曼，计算出他们在有了工作意义的驱动后，“工作效率几乎提高了 10 倍”。

能干的领导者还会激励团队投入较不重要的计划。卡维尔就特别擅长留住 1992 年克林顿作战室内的员工与志愿者。他和苹果电脑公司的乔布斯一样，有本事想出一些词语，使辛劳的工作变得既有意义又有趣味。极为成功的西南航空（Southwest Airlines）公司总裁赫布·凯莱赫（Herb Kelleher）将乐趣当作创新的第一要素。他也说服团队组员相信公司有一项崇高的使命。西南航空公司不仅提供给客人从达拉斯（Dallas）飞到图森（Tucson）的廉价机票，还给乘客一样更珍贵的东西——旅行的自由。伟大团队的领导者通过招募人才进行圣战，而不只是做一份工作。

7. 每一个伟大团队都是一座孤岛，一座有桥梁通往大陆的孤岛

伟大团队有他们自己的天地，因此很容易脱离现实。美国洛斯阿拉莫斯国家实验室位于沙漠中，远离圣塔菲市，四周围绕着铁丝网。“臭鼬计划”在洛克希德飞机公司内，像一个独立的社区，在没有标示的门后秘密研究。试图改变世界的人必须与世隔绝，避免分心，但仍旧取用世界的资源。伟大团队不是修道院，孤立社区内的人经常会做的，伟大团队也会做，亦即创造自己特有的文化，诸如特殊习惯、服装、笑话，甚至自己的语言。他们认为重要的事物，就以自己的名字去命名，这种语言一方面将他们凝聚一堂，一方面也让外人不得其门而入。这样的团队往往非常珍惜他们的秘密。

伟大团队中的人也非常幽默。那种强烈的气氛偶尔使人头晕目眩。《财富》杂志介绍了在加州红木市（Redwood City）起步的网标（Netobjects）软件所具备的可笑特点：员工们与时间竞赛，希望制造出一个高明的设计网站。成员们挤在由隔板分割的小办公区，从不离开办公大楼去吃午餐或晚餐，倒是偶尔会在早晨打打乒乓球。他们还制作时髦的气球帽子，送给第一天上班的新人。伟大团队不仅有趣而且性感。这么密切而激动地在一起工作，往往会产生情色粒子。在这股带着电流的气氛中，当人们望向拥挤的实验室或办公隔间，有时看到的不只是一位同事而已。

8. 伟大团队是赢得胜利的挑战者

他们必然会自以为是《圣经》中脾气古怪的年轻大卫，向只会往后看的巨人哥利亚投掷新点子。伟大团队都自命为后起之秀，以为自己有能力从较大、较不聪明的对手手中夺取大奖，他们无穷的活力即源于此。乔布斯在推销麦金托什计算机时极端聪明，总是将他胆识过人的一小群麦金托什成员与沉稳的巨擘 IBM 相比。他明白指出，麦金托什不是你爸爸使用的计算机。相对于“以不变应万变”的布什政府，1992 年克林顿阵营的同僚就成功将其候选人塑造为鲜明的对比。而布什是现任总统的事实以及当权成功人士的身份，反而增添了克林顿的魅力。

9. 伟大团队总是有一个敌人

有时他们有真正的敌人，一如“曼哈顿计划”的科学家以轴心国为敌。但假如没有敌人，就必须创造敌人。为什么？可口可乐总裁戈伊苏埃塔说过：你不能打一场没有敌人的仗。不论敌人本来就有还是需要制造，目的都一样：它会提升竞争危机，有助于团队团结起来，保持立场明确，同时被自古即有的正义动机所激励。今天，微软公司创始人盖茨的面孔印在所有计算机业新人的标靶上。心理学家阿马比尔（Teresa M. Amabile）与其他人证实了戈伊苏埃塔的话是正确的：

> 与外人竞争似乎可以激励创造力，团队内的输赢之争则会减低创造力。

10. 伟大团队的成员专注目标，全力以赴

在伟大团队中，你不会看到关心表面问题的人，包括诸如专业方面的晋升，以及私人生活质量的提高等完全正常的问题。常春藤盟校里全是通才，伟大团队却不然。伟大团队中都是不屈不挠之人，竭尽全力将愿景变为现实，他们的草坪和金鱼因疏于照料而死。也不会因担心自己陪孩子的时间不够，晚上睡不着觉。在计划进行期间，参与者只对一件事热情——手中的任务。伟大团队的成员和工作任务坠入爱河。他们太沉醉于任务之美和其艰巨，因此不再多想其他问题，不愿去别的地方，也不想做其他事。在加入团队时，这些人绝不会问："薪水有多少？"而是问："我什么时候可以开始工作？""我什么时候可以再做这件事？"不过伟大团队经常也有阴暗面。成员往往像是与魔鬼交易的浮士德，拿正常生活的平静乐趣来交换发现新事物的狂喜。家庭经常付出代价。对某些成员而言，计划中疯狂的辛劳就像他们所选定的药物，借以逃避其他责任或死气沉沉的失落和痛苦。

11. 伟大团队是乐观主义者，而非现实主义者

伟大团队的成员坚信可以创造他人未曾创造的伟业。这句话本身就不切实际。这类团队通常很年轻、才华洋溢，尚未面临极限，也未遭逢人生挫败。他们还不晓得自己不能做什么。的确，他们还不清楚有“不可能”这件事存在。根据心理学家塞利格曼的说法，悲观的人要比乐观者务实，而乐观者即使乐观得毫无理由，成就却更高。举例来说，他们在学校成绩较好。塞利格曼对《财富》杂志表示，最可能成功的人结合了“适度的天分，能够在挫折中继续前进”。塞利格曼为保险业巨擘大都会保险（Met Life）所做的研究显示，乐观的销售员比悲观的同事业绩高出 1/3 以上，因此乐观更能带出生产力。假如乐观是卖保险的主要条件，那么这一点对于在压力下从事艰巨工作的人，也就格外重要了。伟大的事物由有才华的人完成，自信他们能成功。福特说得好：

> 你如果自认为不行，你是对的。你如果自认为行，也是对的。

伟大团队善于分析，也富有自信心。一如阿伦·凯的发现：“要做出优良的科学研究，就得极尽挑剔，绝不气馁。”伟大团队不会在面临复杂时失去希望。任务的困难反而增加了他们的乐趣。

12. 伟大团队总是知人善任、人尽其才

这一点也很明显，即使团队中有天才，如果无法找到适当职位，或无法让他们自己找到适当的位置，工作环境也会变得平凡无奇，甚至有害。

太多公司相信员工是可以互调的，真正有才华的人却绝不能调动。

他们具有独一无二的天分，这种人不能逼他担任不适合他的角色，也不该这么做。有效率的领导者会让天才做他们天生该做的事。奥本海默虽然要在可怕的压力下，制造出“小男孩”和“胖子”，却还是让泰勒放下重要的计算工作，进行个人研究，以致后来衍生出氢弹的发明，这么做是为了减少对当务之急的冲击。奥本海默的理由是，较快乐的泰勒会有较大的贡献，而不会变成智慧群体中怨气冲天的人。

许多计划无法突破平庸，是因为领导者饱受好莱坞综合征之苦。这是一种傲慢而误导的信念，以为权力比才华重要。一般人最普通的观念是，能够在一部电影或一份工作中轧一脚就该感激涕零，不论要你做什么都该心甘情愿，即使这份工作无聊之至或有损身份。当一个人与任务相互契合，工作就会热烈地进行下去。伟大团队的参与者觉得他们的工作场所是天堂。没有一个伟大团队的主管，像施乐公司的鲍勃·斯帕拉奇诺（Bob Sparacino）有这么鲜明的感受：

> 人们不应因爱工作而工作，他们应该为了工作使他们受苦才工作。

天才因痛苦而工作，这也是医治组织内部灾变的良药。

13. 伟大团队的领导者满足成员的真正需要

成功的团队反映出领导者“真正”了解天才需要什么。最重要的是，他们需要：

- 有意义的挑战。
- 可供全方位发挥的任务。

- 同事刺激。
- 带来挑战。
- 让他们敬仰。

他们不要微不足道的义务与责任。成功的领导者会铲除工作场所中非必要的事物。在伟大团队中，备忘录绝非沟通的主要形式，任何东西也不是都得储存三份复印件。能够花在思考与创造上的时间和精力，就绝不应该浪费在活动上（例如撰写报告）——这种事只存在团队以外，具有官僚或企业功能。

一个又一个的伟大团队显现出：天才不需要时髦的设施，有时只要随便一座旧车库就行了。不过他们需要正确的工具。帕洛阿尔托研究中心的领导者曾扬言辞职，除非不采用落后技术来制造出他们需要的计算机。最先进的科技是创造性合作的关键，而正确的工具是创意过程的一部分。

所有伟大团队都会充分共享信息。我们前面介绍的许多领导者，都睿智地确保团队中每个人能得到他们需要的信息。泰勒在帕洛阿尔托研究中心的每周例会上，就采用交换数据和点子的简单有效做法。奥本海默克服了军方强烈的反对，确保科学家们能够彼此共享所有信息，他同样也举行周会。这种开诚布公的动机，并不完全出于民主。伟大团队需要点子，而且越多越好。一个点子会激发出另一个。团队中，某人也许有一个见解或资料能促使另外半个点子成形。

伟大团队也没有穿着限制、上下班时间限制或其他专制规定。每个人最珍惜的是受到感动便去工作的自由，爱穿什么就穿什么。杰出团队的穿着随性，非常典型，几乎成了一种表征。这代表了这些思想家不流于传统，正在从事革命性的任务。牛仔裤和 T 恤成为制服，而穿西装、打领带到热门新公司去面试，就像穿短裤到 IBM 面试一样，保证不会被录取。

伟大团队真正需要保护。他们所做的是以往没有做过的事情。大部分公司和传统的机构都宣称他们需要革新，却下意识地逃避未经测试的事物。大多数人宁可重复昔日的成功，也不愿尝试新做法，由于伟大团队进行的是开疆拓土的行动，因此比其他人容易遭到误解、憎恨，甚至惧怕。成功的领导者会设法隔绝下属受到官僚制度的侵扰。他们会让"上级"和其他传统人士与他们保持距离，让团队不受干扰。格罗夫斯将军正是此中高手。约翰逊加入洛克希德飞机公司董事会，以便更能维护"臭鼬计划"团队的利益。伟大团队的管理者还得让其产品和计划能够在组织内变成现实，以免它永不见天日。帕洛阿尔托研究中心的领导者样样在行，却无法说服施乐公司制造自己开发出来的个人计算机。而乔布斯并没有麦金托什计算机的发展蓝本，可是他却能制造出来并且销售出去。

伟大团队的领导者有一个重要作用，就是控制压力。进行革新的地方固然令人兴奋，但也是酝酿严重的"冠状动脉疾病"的温床。星期天的休假对美国洛斯阿拉莫斯国家实验室与"臭鼬计划"的工作人员一样有益。人际关系的压力则比较复杂。因为伟大团队都着了魔似的钻研手边计划，比较不习惯竞争，密谋也多于寻常人。理想的情况当然是，团队中每一个人的行为都反映出对彼此的尊重。不过事实不见得如此。卡维尔在克林顿的作战室，就像任何士官长一样态度恶劣和专断。不过对创造性合作组织来说，礼貌相待是较受欢迎的。在这个裁减人手、员工不足的时代，许多工作场所都成了愤怒、焦灼、有害的环境，主管凶恶霸道，员工互揭疮疤。这种环境不仅败坏道德，也不能创造出好成果。

真正的袍泽之谊是伟大团队最理想的气氛，建立在共同完成任务的壮举上。当坏情绪出现时，必须趁它威胁到计划前先予克服。泰勒鼓励同事即使意见不合，也应了解彼此的立场，这种解决冲突的方式特别有用。

伟大团队的成员也需要相当大的自主权，这是必要条件。没有一个伟大团队会进行巨细靡遗的管理。这类团队中，大家都了解必须给天才松绑，以便解决只有天才才看得到的问题。沃尔特可以想象出一个伟大的角色，而且只要看到就可以确定，但他无法画出心目中的高标准卡通，他的动画家则能将迪士尼想象中的人物赋予生命。伟大团队的领导者以指挥下属创造出杰出的成就而得到更大的满足，不会奢望以事无巨细的管理方式来操控一切。

14. 伟大团队创造伟大成果

伟大团队是采取行动的场所，而不是只构思各种想法的智库或退休中心。伟大团队不止于空谈（不过他们会用相当多的时间空谈）。他们制造惊人、创新的东西，例如连蝙蝠都觉察不到的飞机。伟大团队喜欢就地取材。以基斯佳科夫斯基为例，他是伟大的化学家，而他用牙医使用的钻孔机矫正铸件漏洞是因为计划需要如此。团队制造出的东西在团队中会被广泛使用。它使梦想实现，而且真实地实践，脱离了创造者本身，不再是他们的一部分，却是由他们双手制造成形的。这样的东西或任务将团队凝聚在一起，生根并且集中焦点。团队中的人也许热爱创造过程，可是他们知道事情终需有结果。明确地说，伟大团队会不断奋斗，直到出现一个成功的结论。他们在新计算机中嵌上自己的名字，运送出门以前，绝不罢手。这正是魏斯特爱说的话：仅有强烈的好奇心与解决问题的能力还不够，他们还要具备持续不辍的专注，直到任务完成，直到叛逆的计算机制造完成和出货。一如乔布斯经常提醒他的团队：“真正的艺术家永远有产品。”

15. 伟大工作是最好的报酬

伟大团队致力于解决艰巨而有意义的问题。矛盾的是，这些过程虽然困难，却令人振奋。探索、发现，并看见新的关联，将它们变为美好的事物，这些本能都是他们的驱动力。他们的报酬不是金钱，甚至不是荣耀。伟大团队的成员一再表示他们甘愿不求回报，只求把工作做好。报酬就是创意过程本身。解决问题会使人脑产生化学物质，使我们产生美妙的感觉。当人们回顾帕洛阿尔托研究中心或克林顿的作战室时，他们记得的是工作的辛劳，过程多么出色，滋味多么棒。人们都极度渴望做好事情，只要让他们去做一份自己相信的工作，并且有机会做得圆满，他们将孜孜不倦地苦干，报酬完全来自于自己。

虽然大多数伟大团队不会持久，参加过这类团队的人却永远忘不了。也许是因为程度太强烈，因此无法无限期地存续下去。创造性的集体合作是由富有智慧的开发者所组成的，所以大多数团队只是暂时的，他们制造出成品后就解散了。曾经在美国洛斯阿拉莫斯国家实验室工作的人，虽然对于美国洛斯阿拉莫斯国家实验室的记忆都相当惊人，但事实上整个“曼哈顿计划”持续了不到 36 个月。

为什么这样成果丰硕的组织会瓦解？也许因为成员进入最叫人气馁的理性年龄（30 或 40 岁），突然发现凡事不再可能。也或许是范式改变了，原先令人振奋的理念忽然僵化成正统教条。

不过也有几个伟大团队令人艳羡地生存了很长一段时期。迪士尼动画公司近年来成功地再造，正是因为把沃尔特赤子之心的理念和新一代迪士尼主管的商业智慧进行了完美结合。即使一些伟大团队解散了，其中较走运的参与者仍能找到让大脑内啡肽再度畅流的新机会。乔布斯历经了麦金托什计算机和皮克斯公司两次高峰。泰勒则协助发展出互联网以及易学易用的计算机。

创造性的集体合作是一种极度紧张的现象，势必会引发道德问题。当我们检视一个个伟大的团队时，竟不断回到我们所谓的“万塞”（Wannsee）[①]问题上：创造性的集体组织能做坏事吗？答案是肯定的。希特勒的万塞的那批人并非天才，但他们为了一个恶毒的理念而结合，利用先进技术，带着热烈的使命感，几乎在三年内把一个民族毁灭殆尽。只要天才能够被不道德的理由所征召（这其中也许受感情限制，即使是海森堡也不例外），可怕的新产品就有可能发明出来，造成不堪设想的动乱。

无论你参与研发癌症治疗法的组织，还是制造一件毁灭人类的武器，创造性合作的强烈愉悦感足以造成某种道德瘫痪。伟大团队都兴奋莫名、极度投入并沉迷其中，以致忘了对错。天才往往会把他们的智慧与经历灌注在不值得的任务上——20 世纪 50 年代健牌香烟试图发明一种石棉包装的微型滤嘴，就是一例。伟大团队的成员都在坐云霄飞车，那种激动的情绪使参加者不去深究计划的内容，这种忽略是经常发生的危险。

费曼在三一角测试改变了全世界以后，又讲述了一个令我们警惕的故事。

---

① 万塞位于柏林近郊，是希特勒及他的纳粹党羽 1942 年的聚集地，在这里制订出灭绝全世界犹太人的计划。

“当时的情绪兴奋到极点，”他回忆，“大家都在参加宴会，跑来跑去狂欢作乐。我坐在吉普车尾端打鼓。”有个人单独坐在那里，表情严肃而悲伤，他是威尔逊。费曼问他为什么郁郁不乐。“我们制造了一件可怕的玩意儿。”威尔逊说。“可是事情是你起的头，”费曼说，“是你让我们参加的。”然后费曼倏地意识到这些疯狂沉醉在成就中的伟大思想家到底一起做了些什么。后来他解释：“我所遇到的、我们其他人所遇到的是，大家为了一个美好的理由而开始做一件事情，然后拼命去完成，那真是愉快、真是刺激。然后，你就不再思考，你知道，你仅仅是停止思考。”

即使身在伟大团队中，你也不能过度地思考，以至于忘记了再去思考。

未来，属于终身学习者

我这辈子遇到的聪明人（来自各行各业的聪明人）没有不每天阅读的——没有，一个都没有。巴菲特读书之多，我读书之多，可能会让你感到吃惊。孩子们都笑话我。他们觉得我是一本长了两条腿的书。

——查理·芒格

互联网改变了信息连接的方式；指数型技术在迅速颠覆着现有的商业世界；人工智能已经开始抢占人类的工作岗位……

未来，到底需要什么样的人才？

改变命运唯一的策略是你要变成终身学习者。未来世界将不再需要单一的技能型人才，而是需要具备完善的知识结构、极强逻辑思考力和高感知力的复合型人才。优秀的人往往通过阅读建立足够强大的抽象思维能力，获得异于众人的思考和整合能力。未来，将属于终身学习者！而阅读必定和终身学习形影不离。

很多人读书，追求的是干货，寻求的是立刻行之有效的解决方案。其实这是一种留在舒适区的阅读方法。在这个充满不确定性的年代，答案不会简单地出现在书里，因为生活根本就没有标准确切的答案，你也不能期望过去的经验能解决未来的问题。

而真正的阅读，应该在书中与智者同行思考，借他们的视角看到世界的多元性，提出比答案更重要的好问题，在不确定的时代中领先起跑。

湛庐阅读 App：与最聪明的人共同进化

有人常常把成本支出的焦点放在书价上，把读完一本书当作阅读的终结。其实不然。

时间是读者付出的最大阅读成本

怎么读是读者面临的最大阅读障碍

“读书破万卷”不仅仅在“万”，更重要的是在“破”！

现在，我们构建了全新的“湛庐阅读”App。它将成为你“破万卷”的新居所。在这里：

- 不用考虑读什么，你可以便捷找到纸书、电子书、有声书和各种声音产品；
- 你可以学会怎么读，你将发现集泛读、通读、精读于一体的阅读解决方案；
- 你会与作者、译者、专家、推荐人和阅读教练相遇，他们是优质思想的发源地；
- 你会与优秀的读者和终身学习者为伍，他们对阅读和学习有着持久的热情和源源不绝的内驱力。

下载湛庐阅读 App，
坚持亲自阅读，
有声书、电子书、阅读服务，
一站获得。

湛庐阅读App

思想者的
声音图书馆

倡导亲自阅读

不逐高效，提倡大家亲自阅读，通过独立思考领悟一本书的妙趣，把思想变为己有。

阅读体验一站满足

不只是提供纸质书、电子书、有声书，更为读者打造了满足泛读、通读、精读需求的全方位阅读服务产品——讲书、课程、精读班等。

以阅读之名汇聪明人之力

第一类是作者，他们是思想的发源地；第二类是译者、专家、推荐人和教练，他们是思想的代言人和诠释者；第三类是读者和学习者，他们对阅读和学习有着持久的热情和源源不绝的内驱力。

CHEERS

以一本书为核心

遇见书里书外，更大的世界

有声书

随时随地，有温度、
有感情地听本书

纸质书

湛庐纸书一站购买
还有读者专享福利

精 读

2~4周，带你读完、
读懂、读透一本好书

电子书

最新最全的湛庐电子书
随时随地亲自阅读

讲 书

30分钟
大咖给你讲本书
让你挑书不费劲

延伸阅读

编辑精心制作的内容拓展
测试、视频、注释、参考文献
只为优化你的体验

课 程

权威专家带你快速浏览
一个领域的知识概貌

专 题

主题式阅读书单
让你与更多好书相遇

湛庐文化获奖书目

《爱哭鬼小隼》
国家图书馆"第九届文津奖"十本获奖图书之一
《新京报》2013年度童书
《中国教育报》2013年度教师推荐的10大童书
新阅读研究所"2013年度最佳童书"

《群体性孤独》
国家图书馆"第十届文津奖"十本获奖图书之一
2014"腾讯网·啖书局"TMT十大最佳图书

《用心教养》
国家新闻出版广电总局2014年度"大众喜爱的50种图书"生活与科普类TOP6

《正能量》
《新智囊》2012年经管类十大图书，京东2012好书榜年度新书

《正义之心》
《第一财经周刊》2014年度商业图书TOP10

《神话的力量》
《心理月刊》2011年度最佳图书奖

《当音乐停止之后》
《中欧商业评论》2014年度经管好书榜·经济金融类

《富足》
《哈佛商业评论》2015年最值得读的八本好书
2014"腾讯网·啖书局"TMT十大最佳图书

《稀缺》
《第一财经周刊》2014年度商业图书TOP10
《中欧商业评论》2014年度经管好书榜·企业管理类

《大爆炸式创新》
《中欧商业评论》2014年度经管好书榜·企业管理类

《技术的本质》
2014"腾讯网·啖书局"TMT十大最佳图书

《社交网络改变世界》
新华网、中国出版传媒2013年度中国影响力图书

《孵化Twitter》
2013年11月亚马逊（美国）月度最佳图书
《第一财经周刊》2014年度商业图书TOP10

《谁是谷歌想要的人才？》
《出版商务周报》2013年度风云图书·励志类上榜书籍

《卡普新生儿安抚法》（最快乐的宝宝1·0~1岁）
2013新浪"养育有道"年度论坛养育类图书推荐奖

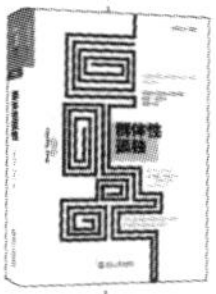

图书在版编目（CIP）数据

七个天才团队的故事（纪念版）/（美）本尼斯，比德曼著；张慧倩译；徐中审校 .—杭州：浙江人民出版社，2016.12（2023.12重印）

ISBN 978-7-213-07714-2

Ⅰ.①七…　Ⅱ.①本…　②比…　③张…　④徐…　Ⅲ.①组织管理学–经验–世界　Ⅳ.① C936

中国版本图书馆 CIP 数据核字（2016）第 283131 号

浙江省版权局
著作权合同登记章
图字：11-2016-207 号

上架指导：管理 / 领导力

七个天才团队的故事（纪念版）

[美] 沃伦·本尼斯　帕特里夏·沃德·比德曼　著

张慧倩　译　徐中　审校

出版发行：浙江人民出版社（杭州体育场路 347 号　邮编　310006）

市场部电话：（0571）85061682　85176516

集团网址：浙江出版联合集团　http://www.zjcb.com

责任编辑：蔡玲平

责任校对：戴文英

印　　刷：唐山富达印务有限公司

开　　本：710mm × 965 mm　1/16　　印　　张：16

字　　数：192 千字　　插　　页：3

版　　次：2016 年 12 月第 1 版　　印　　次：2023 年 12 月第 7 次印刷

书　　号：ISBN 978-7-213-07714-2

定　　价：59.90 元

湛庐CHEERS

与最聪明的人共同进化

HERE COMES EVERYBODY